Editions UTOPIE

UTOPIE
奪朱01

倡議一個批判的政治哲學

條條道路

Pour une philosophie politique critique

Itinéraires

Miguel Abensour
米蓋勒・阿班樞　譯者　吳坤墉

奪朱01

倡議一個批判的政治哲學：條條道路

Pour une philosophie politique critique Itinéraires

作者｜Miguel Abensour 米蓋勒．阿班樞
譯者｜吳坤墉
中文校閱｜林琪雯
美術設計｜楊啟巽工作室
電腦排版｜辰皓國際出版製作有限公司
印刷｜辰皓國際出版製作有限公司

出版｜Utopie 無境文化事業股份有限公司
精神分析叢書｜總策劃／楊明敏
奪朱｜社會政治批判叢書｜總策劃／吳坤墉
地址｜802高雄市苓雅區中正一路120號7樓之1
電話｜07-2239100
傳真｜07-2255307
Email address｜edition.utopie@gmail.com
初版｜2010年1月
定價｜200元
ISBN 978-986-85993-0-7

Original title : Pour une philosophie politique critique, Itinéraires by Miguel Abensour

Printed in Taiwan

Pour une philosophie politique critique

Itinéraires

Miguel
Abensour

目錄
contents

005 中文版的一些說明

009 **前言**

055 **條條道路**

056 【La Politique之批判】叢書宣言〔1974〕
059 現代政治哲學與解放〔1983〕
067 究竟是哪一種回歸呢？〔1994〕
073 在馬基維利的道路上〔2008〕

079 **倡議一個批判的政治哲學？**〔2002〕

中文版的一些說明

關於編輯

2009年於法國Éditions Sens&Tonka出版的同名原著，除前言外，分成三個主題，一共收錄了阿班樞從1974年至2008年間發表的14篇著作，共計400頁。三個主題是：「條條道路」4篇，「極權主義的宰制之批判」4篇與「批判的-烏托邦的政治哲學與解放」6篇；其中，除一篇宣言與一篇訪問外，包括前言在內的13篇著作，都是以傳統歐陸思想家所慣用的思辨形式書寫的論文（essai）。

在作者的同意下，中文版另定標題，分冊出版。這本**倡議一個批判的政治哲學：條條道路**，是第一冊；裡面收錄前言，「條條道路」中的4篇，以及「批判的-烏托邦的政治哲學與解放」中的「倡議一個批判的政治哲學？」，共計6篇文章。這樣做的理由有三：

1. 如前述，阿班樞的著述風格是承襲歐陸思想家之傳統：每一篇論文，都是在處理一個論題（thèse），闡述一個思辨的途徑。這些論文原本就是獨立成篇的，另行編輯分冊，絕不會影響各篇之完整性。

2. 然而，面對一個學問已經具有經典性的思想家，去了解他的行思：在與前人之思辨對話，以及與現實今世的關切參與之間，那峰迴路轉的歷程，是探訪思想的一種必經之路。我們在這本**倡議一個批判的政治哲學：條條道路**裡收錄的「條條道路」4篇文章，正是提供了這個途徑。而「倡議一個批判的政治哲學？」則是表現其思想創見的重要論文；輔以前言中作者自道的反省回顧，足以作為向中文世界介紹阿班樞的一個好開始。
3. 要完整地介紹阿班樞的思想，2009年法文合輯提供了一個方便，但也具有一個嚴重的限制：就是若干重要的論文，因為已經在法國出版過，所以成為遺珠。在中文世界介紹阿班樞，另行編輯分冊，就沒有這個限制。我們計畫在作者的協助下，繼續依不同的主題，出版阿班樞其他的論文集。

關於翻譯

本書的翻譯，立即遇到的難處是*le politique*與*la politique*這兩個中心概念可不可譯的問題。

法國學界自1970年代以來，對於*le politique* 跟*la politique*兩個概念，做了細緻的區分。簡單地定義，*le Politique*是共同生活之指導題綱，或是社會的政治建構。（le schéma directeur du vivre-ensemble ou l'institution politique du social.）*La politique*是眾人的政治行動，或是種種政治事物或政治行動之全體的領域。（l'action politique à plusieurs ou la sphère qui désigne l'ensemble des choses politiques ou des activités politiques.）差一個字母，意義大不同。

在若干關於西方政治哲學的中譯文裡，有「政治」（politics）與「政治性」（the political）的區分。但是，這個來自Carl Schmitt的用法，原來就跟法國學界自1970年代以來區分*le politique*與*la politique*時建構的概念意涵差異甚遠。何況， Claude Lefort、阿班樞……等思想家，根本就是反對Carl Schmitt的。

譯者認為，任何中文譯詞都容易造成誤解，所以在本書中，任何必須明確表現其差異的地方，都將這兩個詞以原文呈現。

此外還有一些格式跟體例上的選擇，一併在此說明：

1. 除了在中文裡已經具與共識的譯名，如馬克思、康德……等等，所有人名皆以其母語拼寫。
2. 作者使用的引文及書名，由譯者直接從法文或法文譯本翻譯成中文。
3. 作者在原著中使用的希臘文、拉丁文、或是其他外語詞彙，都具有回溯出處的用意，且以斜體格式呈現，譯文中都予保留，並至少在原文第一次出現時，加上粗黑體中文或譯注的方式，幫助讀者理解。

4. 另外原書亦有部分法文以斜體格式出現，或有突出或強調某些概念與用語之意；本書譯為中文後改以粗黑體呈現，如附原文則同樣保留其斜體格式。
5. 為了與原作附注區別，譯注皆標示為①②③……，前者則標示為123……。

最後，譯者要特別感謝林琪雯在閱讀譯文初稿及中文修潤上的協助。

前言

前言

Avant-propos

這本選輯一開始是在西班牙出版，書名是：*Para una filosofia politica critica. Ensayos*（Anthropos, Barcelona, 2007），由Scheherazade Pinilla Canadas以及Jordi Riba翻譯與導讀。他們希望將我主要的學術成果，介紹給西語世界的讀者[1]，尤其是政治哲學領域的論著。就像在許多選輯中常見的，讀者在這本書裡，也會看到跨越不同時期的著作：從1974年發表的【La Politique之批判】叢書宣言，到2008年刊登於**世界報讀書專刊***Le Monde des livres*的一篇關於馬基維利的訪問。同時，讀者也會注意到，這些著作呈現出的思辨歷程，即使不是自相矛盾的，也明顯具有多種取徑。若單就其轉變來看，這段歷程可以說是由一個對政治哲學偏好的立場，轉變到一個堅定地批判的立場。我的第一篇論文題為「Saint Just的政治哲學La philosophie politique de Saint-Just」（*Annales historiques de la Révolution française*, 1966）。在另一個截然不同的領域，Pierre Clastres則於一篇早期論文「交換與權力：印第安領袖制度的哲學Échange et pouvoir: philosophie de

1 西語版中包括一篇兩位譯者所寫的導讀，*La Irrupcion De Lo Politico* (p. IX-XXVI)，儘管這是一篇精采的文章，因為它是針對西語讀者做書寫的，我們決定不將它放到法語版中。我在此特別為兩位譯者傑出的工作向他們致謝，還要感謝Anne Kupiec協助我校閱法文版。

la chefferie indienne」（1962）中，讚嘆印第安社會之政治哲學的深思熟慮[2]。事實上，在1960到1970年間，面對揮著馬克思主義的大旗，或者是舉著功能論的標語，不然就是兩家匯合推行的le politique科學主義化或是社會學化，政治哲學就像是一個專門在力抗這種風潮的領域。這些思想流派高舉科學名號，其實從事的卻是對於le politique的再次掩蓋。然而，在此同時，從歷史的、或是詮釋這段歷史的角度中，我們重新學到了政治的智性，尤其是le politique的智性；我們再次學會去發現，在le politique的所在中，有一個社會－歷史的可理解性的溫床。

為了要更清楚地感受當時的政治與學術氛圍，讓我們再回頭看看Gilles Deleuze於1975年12月發表在**批判期刊***Critique*上那篇著名的，針對Michel Foucault的**監視與懲罰***Surveiller et Punir*①一書所寫的評論：「不是作家：一個新的地圖繪製者Écrivain non: un nouveau cartographe」。G. Deleuze說：「這以一種隨意的，或甚至混淆的方法定義出來的左派主義，在理論上，是為了要對抗馬克思主義以及布爾喬亞的概念，對權力問題提出新的質疑；在實踐上，是在地與特定對象抗爭的一種形式。換言之，這些抗爭的必要關係和對象，不再針對極權化與集中化的過程。[3]」但是，這真的只是對權力問題提出新的質疑嗎？當我們認真審視這種自我設限的分析方法，從方法論來說，不就是因為M. Foucault把勢力的關係（le rapport de forces）

2 Pierre Clastres, *La Société Contre l'État*, Paris, Minuit, 1974, p.40.

① 中文版書名被改為規訓與懲罰。

3 Gilles Deleuze, «Écrivain non: un nouveau cartographe», *Critique*, n°343, 1975, p.1208.

當做權力的問題，又把它跟政治問題混為一談，就好像政治問題從屬於權力問題，所造成必然而可嘆的結果？當然，我們可以同意G. Deleuze的閱讀，讚賞M. Foucault揚棄諸如財產、區域化、從屬、工作的型態、合法性等若干傳統命題，而敏銳地對權力問題重新思索；當然，依著G. Deleuze的看法，由於這種另眼看待權力問題的決心，我們還可以觀察到一種理論革命。G. Deleuze總結道：「它不只是要對抗布爾喬亞的國家理論，而且反對馬克思主義的權力概念和權力與國家的關係[4]。似乎在馬克思之後，終於誕生了些嶄新的東西，似乎圍繞著國家的共犯關係從此被截斷[5]。」然而，當我們全面回顧那時的知識圈，看到的難道不是一個完全另一種格局的工作嗎？它標誌的是真正地重新發現le politique的這個事件，而把政治問題放在其整體性來考慮，也就是將le politique視為社會的建制，而la politique定義成為了創造一種自由的嶄新經驗而發生的眾人行動。M. Foucault式對權力問題與政治問題之混淆，造成政治的領域被矮化在勢力關係的體系中，使得在一些人眼裡，這個事件從那時到現在都是被視而不見的。當M. Foucault被問到**政治**一詞的意義，他說：「……一個社會中勢力關係的整體構成了政治領域……一個政治，是試著要協調與完成勢力的關係，一種幾乎全面性的策略……[6]」勢力的關係因此牽扯到權力的關係，而這樣的權力關係又隸屬於政治的領域，這就造成權力與政治的混為一談。在**知識**

4 前引書，p.1212.
5 同前引書。
6 Michel Foucault, *Dits et écrits 1954-1988*, tome III (1976-1979), Paris, Gallimard, 1994, p.233.

的慾望*La Volonté de savoir*中，M. Foucault再次申論他的權力概念，將權力與國家主權、法律形式或是一個宰制單位之間的關係斷開。所以基本上，他將權力定義為：「……勢力的關係之多重性，而種種勢力的關係在它們所施行的領域中是本質性的，同時在這領域的組織中，是構成的基礎[7]。」一定意義來說，他的努力是要追隨與完成馬基維利的研究；將權力視為勢力的關係是馬基維利的創見。而M. Foucault所做的是在馬氏理論之外，將權力體系從一直保持在君主的形象裡的主權當中釋放出來。「是在勢力關係的領域中，我們要試著分析權力的機制……同時，如果說馬基維利是難得的一位研究者 – 可能也是他顯得離經叛道的原因 – 能夠以勢力的關係來思考君王的權力，可能我們要更進一步，跳過君王的角色，而由勢力關係的本質性策略來解讀權力的機制。[8]」簡而言之，這是一個沒有君王的勢力關係體系；換句話說，一個沒有主體的過程②。這種角度距離Maurice Merleau-Ponty在1949年的文章[9]中，對於馬基維利的閱讀，稱譽他開啟了對「la politique之獨特領域」的研究，是相去甚遠的。

當我們真正地重新發現政治問題，不同於M. Foucault，我們認為，就算是換個方法來思考權力，權力也不能覆蓋政治領域的全部。所謂的重新發現，是le politique的所在又重新變得清晰可見；儘管有好些意識型態，包括那已經迥異於馬克思的馬克思主義，試著將它說成是社會之整體性下的一個層次，以便掩

7 M. Foucault, *Histoire de la sexualité. 1 La volonté de savoir*, Paris, Gallimard, 1976, p.121-122.

8 前引書，p.128.

② 這裡作者借用Louis Althusser說«l'histoire est un processus sans sujet»的句法，用來嘲諷M. Foucault.

9 Maurice Merleau-Ponty, «Note sur Machiavel», *Signes*, Paris, Gallimard, 1961, p.270.

沒它；又縱使有那前所未見的極權主義之考驗，藉口實踐歷史的或是自然的法則，致力同時消滅le politique以及la politique之可能性，也就是消滅行動。我們經歷的重新發現le politique，是經由不同的路徑，我們大致清楚地了解到，所有人類社會都有其社會之政治建制（l'institution politique du social）；更重要的是，la politique 是人類存在的條件中，根本而不可抹滅的面相。其影響是隨著這個重新發現，對解放逐漸形成一個新的想法。我們不再把解放當做是la politique的終止，就彷彿自由的意義就是可以擺脫la politique，就彷彿解放的意思就是社會的一種完成，而會誕生出一個免於la politique的共同存在（l'être-ensemble）。恰恰相反地，我們的世代學會將解放視為la politique的一種困難途徑來思考，把它理解成眾人的一種自由的經驗，簡單地說，就是重新發現政治問題的獨特地位。它是不可迴避的問題，所以我們事實上不可能不全力以赴；它是謎樣的、無止境的問題，所以不可能有一個完美不變的答案，讓人可以停止思索，脫離關係。自此，解放也參加在自由那沒有止境的冒險中。

為了更深入地了解重新發現le politique的重要，讓我們回頭看看P. Clastres的政治人類學和著作：**社會對抗國家***La Société contre l'État*。談到P. Clastres，這個名字首先激起我的情感，回想到當年讀到他1969年發表在**批判期刊**的文章「哥白尼與野人們Copernic et les sauvages」時的一種強烈的知識情感。當我還在苦思這個問題時，我在他無人可及的精闢文筆中，看到一個對la politique真正批判的可能途徑。尤其這篇文章獨特的優美書寫，著實獨具慧眼又渾然天成地揉合著概念的鋪陳、哲學以及詩意的靈感，讓我們在不知不覺中認識了陌生的土地，使得這個閱讀的收穫益加叫人驚喜。P. Clastres讓我們發現，沒有國家的政治（la politique sans État）是可能的，而且這個沒有國家的政治，在特定的思想圈裡，可以形成一個對抗國家的政治（une politique contre l'État），對抗被獨立出來的政治權力的發生。從此，就不可能去推斷或認為，「國家的誕生」不是一個獨特的事件或一個「不幸」，而是在那些有歷史的社會中、那些有國家的社會中（les sociétés à État），註定要不斷發生的事件。就好像在兩種國家型態的間隙中，冒出一個對抗國家之政治重新出現的可能性，固然是短暫的出現，但卻非不留痕跡的。我們無從知道M. Foucault對於P. Clastres研究的看法。但在另一邊，G. Deleuze與F. Guattari在他們的**反伊底帕斯***Anti-Œdipe*（1972）一書中，認為現代民俗學的巨著並不是Marcel Mauss的**論禮物***Essai sur le don*，而是尼采的**道德譜系學***Généalogie de la morale*，不就是從P. Clastres的發現，挖掘他們一部分的批判靈感？而且他們不像一些人所為，以黑格爾式的方法，將P. Clastres的發現視為一個新的*Weltgeschichte***世界史**之源頭。毫無疑問，P. Clastres的新政治人類學，在對於le politique的重新思索上，扮演著關鍵的角色。他一反傳統人類學，提出了哥白尼式的革命性觀點，讓我們以沒有國家的社會（les sociétés sans État），那些野性的社會作為中心，讓那些有國家的社會在外環繞；他帶來那些對抗國家的社會，也就是那些不具強制性政治權力之社會的「好消息」；他還屏棄當時馬克思理論宣稱的普世性，提出相反的觀點，依照那些原初社會的狀態，逆轉經濟與le politique間的連結。事實上，那衝擊物質的基礎建構之新石器時代革命，對社會的實體並未造成相同的衝擊。應該是在檢視「政治的斷裂」這個面相，找到那些原初社會轉變的推動力。他認為：「在人類文字出現以前的歷史中，真正的革命，並不是新石器時代的革命……而是那政治的革命，是那我們稱之為國家（l'État）的東西，它神祕、不可逆轉地，致命性地出現在那些原初社會[10]。」這是為什麼得要反轉馬克思主義的假設，而從此將le politique放在下層結構，將經濟放在上層結構那邊；如此一來，依照這個圖像的邏輯，最後的層次，就是由le politique決定經濟。從此以後，不正是「政治的壓迫決定，促使又容許剝削[11]」嗎？再者，P. Clastres再清楚不過地指出那些原初社會的獨特性：由於他們拒絕不平等，堅持一個平等的結構，不被分化，使得社會的階級劃分無法發生，國家也就無從誕生。「就我們現在從那些原初社會所得知的，我們不可能在經濟層面找到le politique的起源。國家的譜系不是從這個基礎上生根的[12]。」那要從何處尋找

10 P. Clastres, *La Société Contre l'État, op. cit.*, p.172.

11 前引書，p.173.

12 前引書，p.174.

呢？人口的增加？先知的出現？就觀察所見，我們唯一可以合理進行的假設，是那些野性社會的特質，反國家的安排、對抗國家的複雜建構，突然被放棄，取而代之的正是這個社會一直努力不懈去排拒的：將人們侍從於國家之下。P. Clastres認為，雖然我們可以明確舉列國家不誕生的種種條件－一群只具有榮譽，沒有權力的首領的存在－但是至少到目前為止，我們並不能確定國家誕生的種種條件。彷彿生於國家誕生這一事件之後的我們，毫無能力去分析與說明它是如何誕生的。在這種情況下，我們豈不應該同意La Boétie所說的，這是一個「不幸（un malencontre）」；或是Theodor W. Adorno在**否定的辯證***Dialectique négative*中所說的，「一個對抗之偶然性」（une contingence de l'antagonisme）？不論是兩者中的哪一個，對我們的意義都是，一方面國家的發生還是一個謎團，另一方面麻煩的後果永遠伴隨著它。

Le politique的重新發現？有人可能會反駁：這個le politique被承認的地位，根本是那些野性社會所獨有的，根本是唯獨在「野性的思維」模式下，才能理解的野性的la politique；也就是說，這麼做，不是將傳統上被認為是缺憾匱乏的地方，當成是具有一種實證性，而彰顯了那只有借助抽象思考力才能見到的事物嗎？然而，當我們認真地跟著P. Clastres的「劇本」，看到的完全是另一種情況。應該是在國家誕生的那一刻，讓原初社會被摧毀了，而使得野性政治一直設法要驅除的、被孤立起來的政治權力，也就是國家，從而誕生。結果就發生了從對抗國家的社會變成有國家的社會，這一個過渡或是劇變的事件。這個政治革命是將原初社會或是沒有國家的社會告一段落，而開啟有國家的社會的歷史，而且站在往後者的這一邊傾斜的位置。所以這個事件是獨特又非比尋常的，它標誌著兩種社會形態的分立，因為國家這個新邏輯從此得以開始，並在此後不斷與其他邏輯遭遇且相互連結。P. Clastres寫道，「所有社會都是由國家體制（可能有多種形態）的存在與否，來決定其邏輯的安排，這就在不同社會之間，劃出了一道不可跨越的不連續性[13]。」很清楚的，不論是在談野性政治，或是使得原初政治終止的事件，P. Clastres的作品，都因為引領我們認識到le politique創造制度的力量，而毫無疑問屬於我們所謂的政治的典範。更何況P. Clastres所致力的le politique之重新發現，是以多重面貌呈現的。揚棄傳統政治人類學的假設，而能夠在原初社會中，看到一種野性的政治－一種被置於權力之外的首領建制－這是在他之前的民俗學家都視而不見的；而他所確認的，不正是le politique 的普世性？沒有一個人類社會是沒有社會的政治建制的。而傳統上，將社會區分成沒有國家的社會及有國家的社會，P. Clastres提出了一個新的方法來代替，區分成有強制權力的社會（la société à pouvoir coercitif）跟沒有強制權力的社會（la société à pouvoir non coercitif）。這樣的確認與代替是值得深

13 前引書，p.170.

思的，不只因為這樣才能精確描繪原初政治的獨特邏輯，同時因為這樣清楚表現出la politique與國家間，有著不容逆反的區別。政治不一定就非得要有國家。換言之，解除國家的絕對地位。所以國家完全不是一種舉世皆然的形式，也不是le politique的達到完善；國家被帶回、降低到一種區域性形式的地位，它有一些特徵可供辨識：全部涵蓋，整齊劃一，對大一統（l'Un）的熱衷，施行強制。

除此之外，P. Clastres思考國家時，是追隨**道德譜系學**的作者，尼采的步伐。尼采指出，國家豎立起「駭人的防禦工事」，「以抵禦自由這古老的本能」，甚至，當國家降臨，「為數驚人的自由[14]」便從世界上消失。不論是在描繪野性政治拒絕國家的抗爭，或者是在描繪國家的來臨，P. Clastres都朝向同一個目標：經由這些對抗的事蹟讓人看到，政治的問題不能夠脫離自由的問題。

面對有歷史的社會，Claude Lefort藉以重新發現la politique的取徑又完全不同。在他的研究裡，這個重新發現首先來自於對極權主義的批判。極權主義單就其存在而言，就是對政治面向的遮蔽，更嚴重的是，它藉由將政治面向摧毀，以達成將政治面相從人的存在條件中去除。因此，在這個激進批判極權主義的思辨實踐中，很自然而合於邏輯的，需要將讓人類活動具有意義的種種政治事物（les choses politiques），重新地彰顯。不像M. Foucault將極權主義的宰制視為「權

14 Friedrich Nietzsche, *La Généalogie de la morale*, Paris, Gallimard, 1971, p.276 et p.278.

力的過度」，C. Lefort認為極權主義的宰制是政治場域的摧毀，因為如此，他顯得更下決心要思索政治的問題。他指出，在走出極權主義之時，在le politique被摧毀，被過度與罪惡劃上等號的時刻，不是應該去宣揚道德的重要，而應該要做出le politique的選擇，努力重建政治的範疇，也就是一個自由的嶄新經驗之可能性的條件。由此來看，我們可以鄭重指出，相對於我們到處聽到的，對極權主義的批判其實不都總是來自自由主義，也不一定會開展出自由主義。就我所知，C. Lefort與Cornelius Castoriadis發表他們對於極權主義的批判的期刊**社會主義或是人的自我毀滅***Socialisme ou Barbarie*，就不是一個自由主義者的刊物。如同William David Jones在他**失落的辯論：德國社會主義者與極權主義***The Lost Debate: German Socialist Intellectuals and Totalitarianism*這本標題就叫人一目了然的書中強調的，最早對極權主義或是極權國家進行批判的，是德國的左派；而最先為文發表的，是一群非教條主義的、獨立的馬克思主義者[15]。其中包括Max Horkheimer在1942年的文章，「威權的國家L'État autoritaire」。因此我們得以分辨清楚在「反極權主義學派」這同一名目下的多種意涵：它可以指以無產階級的自主性之名，批判布爾什維克主義（le bolchevisme）及官僚主義的反革命為起點的極權國家之批判，也可以指在冷戰時期，為了維持冷戰狀態而產生的極權主義的批判[16]；兩者絕不能被混為一談。此外，對於極權主義的批判絕

15 William David Jones, *The Lost Debate*：*German Socialist Intellectuals and Totalitarianism*, University of Illinois Press, 1999.

16 Karl Korsch, Paul Mattick, Anton Pannekoek, Otto Rühle, Wagner, *La Contre-révolution bureaucratique,* trad. de l'anglais par C. Collet et C. Adams, Paris, UGE, Coll. «10/18», 1973. 特別在Otto Rühle的文章，«La lutte contre le fascisme commence par la lutte contre le bolchevisme»，從其開篇就提出對於極權主義國家之種種特性的描述。P.261-280.

對不是只有自由主義這個歸宿。Hannah Arendt在她對匈牙利革命這個反極權主義革命的分析中，就指出這個類型革命的目標和意義，是在於一個眾議共和（une république des conseils）③的構建。

除了這些對於極權主義的批判以外，C. Lefort的巨著**論馬基維利之學思成就***Le travail de l'œuvre Machiavel*，也是重新思索le politique的另一個基石[17]。這應該不讓人意外，馬基維利這個名字叫人想起的，不就正是la politique的勾畫？對於馬基維利作品的詮釋，提供了一個獨一無二的觀察點：告訴我你如何詮釋馬基維利，我就說出你對於la politique 的概念為何。那麼，C. Lefort之詮釋的獨特性何在、而且由此可以看出他關於la politique的思想是什麼呢？也就是說，在C. Lefort這本論馬基維利的書中，對於la politique的重新發現有何貢獻呢？如今又有哪些是我們能延續的呢？首先，面對種種詮釋引發的爭論，我們要清楚地指出C. Lefort的選擇。他選擇以Spinoza的觀點來呈現馬基維利；這個馬基維利，就是Spinoza在**政治威權論***Traité de l'autorité politique*中所描繪的：「因為非常明確的，這個如此睿智的人熱愛自由，而且他構思了諸多的良策來保障自由[18]。」同時，C. Lefort與M. Foucault抱持著截然不同的閱讀觀點。M. Foucault認為，「離經叛道的」馬基維利，發明了將勢力關係體系當做權力的一種新表現方式。這個觀點尤其為C. Lefort所不取，因為不只這個對於權力的假設並非新

③ 參閱Hannah Arendt, *On Revolution*.

17 Claude Lefort, *Le Travail de l'œuvre Machiavel*, Paris, Gallimard, 1972.

18 Baruch Spinoza, *Œuvres complètes*, Paris, Gallimard, Coll. «Bibliothèque de la Pléiade», 1954, p.1008.

創，同時它還正是佛羅倫斯的寡頭統治者們的觀點，也是馬基維利所要對抗的。

C. Lefort的著作因此也在以下的幾個意義上，參與了la politique的重新發現。

1.從他足為範例的閱讀觀點中，C. Lefort所做的，是穿透在馬基維利與我們之間，因種種流傳造成的遮蔽，讓我們看到馬氏作品的真實本質：那並不是要以「離經叛道的」的方式呈現權力，而是要提出「一個對於la politique的探究」，目的是要繪製「這個未經探索的大陸」，也就是la politique的地圖。因此我們看到，在**論*Tite-Live*著的第一個十年史***Discours sur la première décade de Tite-Live*的前言中，以航海者探訪未知大陸做比方。事實上，對於la politique，一般的、傳統的理想呈現，是一個治理良好的社會之組成，因為一個締造者的天才或是智慧，以及良好的體制，達到了統一或是協和；而馬基維利帶來的，正是對於這種理想觀點的顛覆。而且，依據C. Lefort的觀點，出發去尋找la politique之存在的馬基維利發現的，是la politique那未經探索的大陸，上面有的只是衝突、衝突的安排實現、階級的劃分、階級慾望的劃分。這裡就標誌著與傳統觀點的斷裂。這個衝突的探究者馬基維利，就此將la politique的存在，與對共同之善的追尋分開；此外，在衝突學派中，他與其它觀點的不同，在於他認為衝突對於如是的la politique，是恆常及本質的，因此不可能因為一個完美不變的解答、或是在歷史過程的辯證關係中，就被克服。在這個意義下，他與馬克思的觀點不同。馬克思的確將衝突放在歷史－社會的核心，但他同時也認為衝突是暫時的，階級劃分會被去除；因為，經由複雜的矛盾過程，階級劃分在沒有階級的、也就是不被劃分的社會必然要消失。認定衝突的恆常性，馬基維利不落入建立一個衝突之實證理論的俗套，彷彿衝突是特定情境造成的結果，彷彿只要指出那些特定情境就能接著將其改善。馬基維利以一種更為大膽的方式，將衝突、階級的劃分立基在一個根本的劃分上，也就是C. Lefort所謂的「社會的源本劃分」（la division originaire du social）。

2.「在所有的共和中，都有兩邊：大人們（des grands）的一邊，及人民的另一邊」（**論*Tite-Live*著的第一個十年史**第1冊第4章）這兩邊的劃分伴隨著一個心情的劃分。事實上，城邦是兩種慾望對抗的劇場：大人們那邊是「宰制的巨大慾望」，人民那邊「就是不想被宰制的慾望」（前引書第5章），也就是自由的慾望。所以，馬基維利是根本地區分了宰制與la politique，同時視la politique與自由為部分連結的。但是，馬基維利絕非僅止於將兩邊的慾望以及其分別追尋的目標，樹立在對抗的地位；他更深入地探討，使人了解到在一個無止境的抗爭中，自由與宰制在相互對抗的同時，還是相互糾結的。事實上，如果宰制要能成立與遂行，必須終結人民的自由；反過來說，人民的自由的反抗性，發生與展現在反對宰制之遂行所生的抗拒、在對宰制之慾望的抵抗，而因此在人類城邦中，發生了人們拒絕繼續被少數大人們奴役、一種新的自由經驗之選擇。隨之而來的，是這些展現了自由的慾望、同時想要自由地活下去的人民，作為政治的主體，而保衛這個自由的責任就交付給他們；因為很明顯的，比起一心只想遂行其宰制的大人們，他們比較不會想去剝奪自由。因此，在任何共和政體出現這個劃分，我們反而更不能只是無奈嘆息，因為經過這番檢視，我們知道它最後是能變成自由的搖籃與動力的。

3.在我看來，今日的讀者很容易能了解C. Lefort的馬基維利，如何對於這個政治問題的重新探索，構成一個決定性的進展；只要他注意到這個詮釋的獨特性，是在凸顯馬基維利所有的大膽突破：不論在他勇於樹立種種前所未見的立場，或是他與傳統的斷絕。我們還可以說，那是一再突破的大膽；因為如果說馬基維利就像聚集在他身邊的年輕共和主義者，對羅馬懷有憧憬，他也毫不鬆懈地在動搖他們的信念，打破他們對羅馬抱持的理想意象，而以另一個羅馬來取代之：那個在他看來，能夠在不斷的，甚至制度性的保持意見分歧的運作中，還能找到偉大之道的羅馬。C. Lefort以**論*Tite-Live*著的第一個十年史**第1冊第4章中著名的論點，當作詮釋的核心：「我認為，那些指責怪罪參議院與人民之爭論的人，指責怪罪的是自由的原則，而且他們所在意的，是這些爭論在公共場所帶來的喊叫與噪音，而非因此造成的正面結果。」因此，並不是在立法者的智慧或是締造者的政治天才裡，而是要在階級的衝突、自由的慾望與宰制的慾望對抗的良好成效中，找到羅馬所以偉大的秘密。是在這個重新重視羅馬平民的各抒己見、百家爭鳴的邏輯中，馬基維利盛讚平民的民選代表制度（des tribuns de la plèbe），表現他對騷動的、被人民與貴族之衝突分裂的城邦之偏好；他也告訴我們如何分辨人民的共和與特權階級的共和，最後讚頌那些自由的人民的群眾抗爭，從而讓人察覺自由與宰制之間的衝突。「那些自由的人民的群眾抗爭鮮少是對人民的自由有害處的。它們是被人民共同遭受的，或擔心會遭受的壓迫所激發的」（**論*Tite-Live*著的第一個十年史**第1冊第4章）。所以佛羅倫斯年輕的共和主義者，也應該放棄他們對傳統的羅馬的崇敬，而學著從參議院與人民間分裂對抗的羅馬，辨識出一種自由的非凡面貌。

4.意見分歧或是不團結，是自由的搖籃，使得在羅馬能夠建立一個把權力當成眾人之事的政體，*Res publica*④。所以C. Lefort認為，在馬基維利來說，自由的政體，就是法律的根本和法律致力要彰顯的，是人民自由之慾望的這種政體。這就造成了法律和這個自由之慾望間前所未有的關係。法律得到一個新的地位，它不再從約束那邊來思考，也不再是為了對人們種種原始需求強制一個規範，所建立的一種理性的應

④ 原著使用拉丁文。

用。法律首先是自由的，是自由的孩子。就如英國的革命家，Gerrard Winstanley所寫的，**自由的法律*The Law of Freedom***。區分出種種原始需求 – 擁有的邏輯（l'ordre de l'avoir）以及慾望 – 存在的邏輯（l'ordre de l'être）之間的差別，C. Lefort總結道：「它（法律）生於自由之慾望的不被限制[19]」。那是因為這個慾望，那純然的反抗性，相對於原始需求的更進一步，就如同法律之於城邦的既成秩序是一種更進一步。從此，產生了一個對於失序的全新概念：我們不須對抗或是消滅失序來建立秩序，因為在失序之中，找得到可以建立新秩序的東西；同時，也因此輪到失序被認為是意見分歧和不團結的更進一步。「而失序一詞的真正意思，並不是單純的失序……它是慾望的作為，使得國家的統一問題保持開放；同時，當這個問題被掀開，治理這個國家的人們，就被迫讓這國家的命運重新面臨挑戰[20]。」

這位馬基維利的詮釋者，如此看重「人民那特出的，幾乎野性的（*efferati*）種種手段」，我們不會意外他在日後以「野性的民主（la démocratie sauvage）」為名，提出一個強調捍衛自由之民主的理論。我們更不會意外，這樣一種對馬基維利的詮釋，致力於彰顯它和傳統之間的斷裂，可以讓我們之間的一些人，重新審視解放這個概念，轉換另外一種方式來看待。如同佛羅倫斯的年輕人，我們必得要揚棄那以和諧、規矩的制度外貌所描繪的傳統羅馬 – 而不論我們把我們

19 C. Lefort, *Le Travail de l'œuvre Machiavel*, *op. cit.*, p.477.

20 同前引書。

的羅馬叫做什麼 – 是要在分立以及註定不停地衝突那邊，去追尋「熱烈的城邦」，因為那是社會的源本劃分之*ici et maintenant*此時此地的表現。同樣的，我們必須了解，同時以自由及平等建立的政治之條件被完全接受，是自由這個條件的唯一可行之道；簡單說，輪到我們必須去和那一片祥和、宣稱已經解決所有衝突、甚至試著消滅政治面向之「善良社會」的迷思決裂。馬基維利帶給我們的啟示是清楚明白的：所有的人類城邦都是建立在大人們與人民的劃分，以及自由的慾望和宰制的慾望之衝撞上的。這個啟示也一樣可以用來思考，在不久後我們於革命時看到的，新的大人們的出現，以及人民起而對抗這些新的宰制候選人。然而，與其悲歎這個*Res publica*的性格，控訴「一種群體生活的魔咒」（M. Merleau-Ponty），我們該做的，其實是能夠由這當中辨識出自由的珍貴源頭，甚至正是自由的實踐。C. Lefort作為**社會主義或是人的自我毀滅**這個立場鮮明的期刊創刊人之一，藉此刊物揭露二十世紀的「大謊話」，批判那些自稱社會主義但只有名字是社會主義、以無產階級專制之名實則對無產階級施行專制的國家……；我們從中更能領會他從馬基維利的詮釋中，開展出來的思考課題。

在同一個時期，John Greville Agard Pocock的著作**馬基維利時刻：佛羅倫斯之政治思想與大西洋之共和傳統***The Machiavellian Moment: Florentine Political Thought and the Atlantic Republican Tradition*（Princeton,

1975），也肯定了馬基維利是一個**教育家**，同時是西方另一個政治哲學傳統的締造者。一個批判的政治哲學？他指出，在自然權力的法學－自由主義模式之外，有著一個如Jean-Fabien Spitz津津樂道的，「現代政治哲學被遮掩的那面」，也就是另一個傳統；那產生於馬基維利之前的一個世紀，經由去和諧而取歧異，被馬基維利轉變成公民的人道主義（l'humanisme civique）之傳統。所以我嘗試提出假設，在我們的時代，另一個馬基維利時刻的發生：首先要從基督教主義解放，並且與馬克思主義、或者馬克思保持距離，致力重新發現政治面向、或者說是社會構成的le politique。確立*vita activa***政治行動**，*bios politikos***政治存在**[5]的優位性，其目標是，不同於歷史哲學，而要去建立起另一個歷史性（l'historicité）的概念，以及另一個歷史中的*Praxis*[6]**行動**的概念；相信一個*vivere civile*[7]**公民的存在**，甘冒危險去面對現代社會特有的、那想要摧毀la politique的傾向。在1984-1985年間，我在國際哲學院（Collège international de philosophie）主持的一門研討課程，即是圍繞著這個問題：**我們是否正處於一個馬基維利時刻？**經由M. Merleau-Ponty、H. Arendt、C. Lefort的著作，我試著定義及構築這第二個馬基維利時刻，辨明由馬克思主義到馬基維利、又從馬基維利到我們，這兩段的移動，來分析其產生的影響。

是在這個知識圈的核心中，產生一個對抗我們

⑤ 原著使用希臘文。Vita activa：政治行動或是公民參與政治社群之事務所採取之行動。Bios politikos：政治生活或政治存在。
⑥ 原著使用希臘文。
⑦ 原著使用希臘文。

的種種政治幻想之戰役，而發生一種新的**反抗大一統** *Contr' Un*；同時我們之間的一些人，面臨到La Boétie命題之困境的挑戰。事實上，La Boétie在**論自甘為奴** *Discours de la servitude volontaire*一文中，有如馬基維利，嘗試尋找「那個事物的具體真相」；但同時，他一定程度地修正了馬基維利的看法，馬基維利賦予人民對自由的慾望，他針對這點提出了一個質疑。在「人民自由地活著之慾望」旁邊，難道不是同時並存著一個被奴役地活著之慾望？人民的慾望豈不是面臨分裂、自毀立場的威脅？自由的慾望突然蛻變為受奴役的慾望，豈不彷彿被宰制者共襄盛舉他們自己的被奴役？但是困境不等於屈服，更何況，La Boétie是站在自由的觀點來構築這個問題。並不是要將自甘為奴這個謎題看成是宿命，也不是將它當成是一種誰也不知道是什麼的神祕「原罪」，而對作為人類生存之條件的政治條件產生影響。將它重新放回政治場域的動態中，這個謎題的意義，是在於多元性之本體條件的脆弱性。面對大一統（Un）之名，在大一統之名的誘惑下，那「和而不同的群聚tous uns」面臨了變質，而突然凝結成一個「化眾為無的大一統tous Un」。這是所有自由與解放的戰士今後需要學會面對的困境。

1976年，在【La Politique之批判】叢書中，我出版了一本新版的**論自甘為奴**，並附有C. Lefort及P. Clastres的兩篇文章，他們各自以自己的方式，繼續探討La Boétie針對種種自由的機會所提出的問題。

對於1960-1970年間政治問題之重新發現及其影響的注重，是否就足以說明現今我對政治哲學的立場呢？何以產生由偏好的立場到一個堅定地批判的立場這種轉變呢？如果我們考慮晚近三十年政治哲學的命運，我們很容易可以了解到，今天所謂的政治哲學，完全不符合我們當時認為要重新啟動、但不是恢復舊制的政治哲學。當我們說「政治哲學的重生」，單是談那兩種不同回歸形式所造成的混淆也就夠了：一種是恢復一個學院的學門，繼承著所有傳統的沈重；另一種是一個事件，是種種政治事物的回歸。就今日我們所處的立場來看，我們甚至可以說這中間像是「認錯人了」。我們期待一個政治自由之各抒己見、百家爭鳴的思想，但我們得到的卻僅僅是一個溫順的，甚至更糟，關於規範的冷漠思想。政治哲學的恢復舊制誕生了一個關於恢復舊制，或者是關於維護現況的哲學。那當時被構思的、分別由馬基維利、La Boétie、Spinoza或是盧梭，以及所有其它探索自由的人那邊得到啟發，而成為解放之新政治的追求，竟然變成一種接受或是合法化既成秩序的政治，也因此直接變成對解放概念的排拒。那些致力恢復政治哲學舊制的人，也就是撰寫*1968*思潮[⑧]這本小冊子的人；而這兩件事情，是同一個企圖的兩種表現。並且，既存的政治世界從此可以顯得理所當然了。同時，又得力於對民主之現狀的一種毫無批判的神聖化，對其真實面貌全無質疑，竟然將這種狀態當做是*télos*終極目標[⑨]，

⑧ 指Luc Ferry與Alain Renaut，二者在1988年出版的一本批評1968年以來之法國左派思想的書*La Pensée 1968.*

⑨ 原著使用希臘文。

是所有政治進步都不可超越的。這種合法性的操作之所以尤其叫人擔憂，是因為被界定為一種政治制度形式的民主，其實是錯誤地被等同於代議制度以及法治國家。這簡直就像是讓民主躺到Procuste的床上⑩般地隨意肢解，折斷其翅膀。事實上，我們一直反覆思索的，都是要喚醒民主內在中，解放的發動力 – 例如一個對抗國家的結構性反對力量 – 並且把它變成一個重新反省及抗議的所在，來面對那些勾畫和構成我們世界的、種種所謂不可超越的東西。痛恨烏托邦 – 那全然另一種政治及另一種社會之追尋 – 以及因為聽信空口說白話的人，而以為民主只有溫順一途，所做的那個溫順之民主的選擇，足以讓我們預知到缺乏政治的大膽與想像，所會造成的影響。對於代議制度日益明顯的危機，全然或是幾乎沒有警覺；人們不斷讚揚公共空間，對它加油添醋，但同時，他們卻不願正視兩種公共空間形式之間的衝突，一個朝向共識、製造共識，另一個讓衝突自然奔放。除了Oskar Negt的著作，甚少有研究關注這所謂**對抗的公共空間**（l'*espace public oppositionnel*），而且將它構築在其異質及多元的經驗上，成為那些反叛的主體性（les subjectivités rebelles）之交會所在[21]。幾乎或完全見不到對民主的墮落、落入寡頭專制或威權主義，提出質問。只有少數人拒絕全盤接受民主之現狀，不願只因為民主/極權主義這極度明顯的反差，就感到欣慰，而嘗試以別種方式來思考民主。因為那種看法使人以為，所有不

⑩ 希臘神話，Procuste，英文多寫作Procrustes；Procuste是希臘神話中的人物，他聲稱他有一張床適合所有的人 – 不論高矮。在某種意義上，他是對的。如果你比床長，他將把你截短以符合床的長度；而如果比床短，你就會被拉得和床一樣長。

21 Oskar Negt, *L'Espace public oppositionnel,* trad. de l'allemand et préfacé par A. Neumann, Paris, Payot, 2007.

是極權主義的，就必然屬於民主。我們可以了解，用這種尺度去測量，那些還不到極權主義程度之民主的墮落，就可以為人忽略，因為根本就不知道要如何去辨識它們。罕有詮釋者以1843年的馬克思之觀點，以其理解到的民主與國家間那原則上的對立關係，來探索「真正的民主（la vraie démocratie）」；更罕見的是嘗試去思索民主的真義，也就是激進的民主（la démocratie radicale），或是野性的民主（la démocratie sauvage），又或是持續反抗的民主（la démocratie insurgeante）。一個批判的政治的思索之源頭，似乎顯得枯竭了[22]。我們因此並不訝異於觀察到政治的思考，都一頭栽入規範化（la normalisation）的招喚，一種重回規範，或者更精確地說，是一種重回「規範/正常的政治」。問題在於這個「規範/正常的政治」是什麼？La politique跟la politique的真義，難道不正是在於規範性之中止嗎？當這規範性的招喚一出，人們裝做從此之後，哲學的基礎已經確認，所以我們可以進入一個較高的層次，也就是實用政治的層次，彷彿政治哲學變成一種精準的科學，而我們可以從中生產幾乎是技術性的應用。此外，與這個規範化齊頭並進的，是刻意將政治哲學與道德哲學、法哲學混淆不清，不但視若無睹，甚至反過來刻意要製造這個混淆可以產生的致命後果。然而，我們怎麼可能支持這種基礎的認定？因為我們知道現代的la politique之獨特性，正是在於它不奠基在任何基礎上、不奠基在出於任何前提哲

22 那些難得的例外中，我們特別要提到，Eduardo Colombo, *La Volonté du peuple. Démocratie et anarchie*, Saint-Georges-d'Oléron, Editions libertaires, 2007; Louis Janover, *La Démocratie comme science-fiction de la politique*, Arles, Sulliver, 2007.

學，或原則，的基礎之上；不出於一個*archè*原則[11]，所以現代的la politique的獨特性，應該是「無－原則的」（an-archique），註定是激進地不可確定，甚至迫使人要以質疑而非確定的姿態來思考。

無需贅言，這種普遍的態度，是無視於那合法的擔憂的。如同Mario Tronti所謂的**遲暮裡的政治** *La politique au crépuscule*，擔憂la politique的重新發現（如果真有重新發現的話），會遭受現代社會的種種邏輯從本質上就帶來之威脅，而造成la politique的衰亡；當我們看到la politique被化約到只剩「版塊」的經營，而被等同於治術，就好比將一個自由的政治社群之建構，視同一個企業的管理，我們知道這個診斷是正確的。面對這樣的轉變，面臨這樣的規範化，讀者可以輕易地了解，縱使看起來那麼地弔詭，但正是因為我清楚地選擇捍衛七十年代的政治哲學，讓我今日對它、對它所變成的樣子，採取一個堅定的批判立場。

如果再追溯我的歷程，必須說因為在那之前幾年，閱讀了H. Arendt對於猶太建國主義（le sionisme）之解放性的批判，讓我在這條道路上更受鼓舞。因此我下功夫讀完她所有論文，也包括部分課堂講義，看她如何探究哲學與政治之種種關係，這「棘手的問題」。怒見那一般（至少在法國）對於H. Arendt著作之保守主義派的解讀，也憤慨於越來越多對於政治哲學之恢復舊制的招喚；就連一向對政治哲學表現出非常保留的立場，認為它被框在形上學格局裡的C. Lefort，

⑪ 原著使用希臘文。Arché：一個原則之起始；或是命令，權力（commencement d'un principe; également commandement, pouvoir）。

最後也加入唱和，所以我決定明確釐清，彰顯H. Arendt對於政治哲學的批判立場。

我的第一個步驟，是發表一篇也收在這本論文集裡的提問文章：「Hannah Arendt反對政治哲學？Hannah Arendt contre la philosophie politique?」當我第一次對一群聽眾講述這個主題時，題目的宣讀就引來眾人一致的笑聲。去想像H. Arendt，我們這個時代的一個偉大政治哲學家，能夠對政治哲學宣戰，豈不是一個褻瀆的舉動？在羅馬舉辦的一個研討會，我的演講則是得到分歧的回應：有些人熱烈抨擊，有些人大為支持。受到這些回應的鼓舞，我決定更深入地探討，就一個問題、一個對若干還在安詳地撰寫H. Arendt之政治哲學的人根本不成立的問題，出版了一本書。我在書中深入討論的，是關於生生不息（la natalité）這個如此新穎的問題，並分析H. Arendt之反柏拉圖主義，以及對於她從**判斷力批判***Critique de la faculté de juger*裡去尋找康德之政治哲學，從這個乍看之下顯得奇異的作法裡，理出其不凡的意義。她的作法不正是豎立美與昇華的理論家康德，來反對柏拉圖嗎？因為柏拉圖將美的概念過渡到善的概念，以便更容易地去規範人們的行為，也讓最高領導人更容易去規範眾人或是多數人的行為。

那麼，又為什麼選用批判的政治哲學這個詞彙呢？要如何理解這個名稱呢？它真的可以讓人滿意嗎？可以讓我們堅持走向一個解放的計畫嗎？換言

之，一個對政治哲學的批判，最後能否轉變成批判的政治哲學、而且又以批判的政治哲學自許呢？這種哲學的形式，會從本質上就能讓我們連結起所有從政治哲學之批判而發掘出的遺憾，還是它能達到的也只是一種半調子、一種妥協或是讓步的表現？

比方說，那些讀過我的*Hannah Arendt***反對政治哲學？**一文的人，他們有權力疑惑與質問。受惠於H. Arendt而跟隨著她的腳步，我將所有應該揚棄政治哲學的好理由一一陳述，但現在卻倡議一個批判的政治哲學的計畫，這樣做有合法性嗎？「批判的」這個界定詞就足以讓政治哲學得到自由，讓它從此不再表現得如同H. Arendt所稱的，「打從根底就錯了（fondamentalement faux）」嗎？

H. Arendt之批判的主要論點是很清楚的。政治哲學首先就不應該成為哲學家這個群體思想的果實。因為如此一來，其探索的目標不再是城邦以及好城邦的問題，而變成是哲學家與城邦關係的問題。而最理想政體的問題，變成是在尋找最適於保護哲學家的、而不再是尋找最適於保護對於多元性之熱情的政體。哪一個特質的政體可以讓哲學家，避免遭遇到與蘇格拉底一樣的下場呢？在這個新問題的邏輯之下，就以犧牲政治之存在的方式（le mode d'existence politique），*bios politikos*，來成就哲學之存在的方式（le mode d'existence philosophique），*bio theorêtikos*[12]；將它放在首位，將它視之為優越的形式來尊崇。接著就造成

[12] 原著使用希臘文。Bios théorétikos：冥想的生活（la vie contemplative）。

了哲學家對城邦、對全體公民的宰制，也就是一個哲學家政府的建立。這個政府經由去區隔知道的人，以及不知道或是不該知道的人的劃分中，建立其「牧民的」治理方式之合法性。從此產生了一個階層的、不平等的結構，還因此對多元性之本體條件造成危害。在H. Arendt看來，行動構成了政治之存在的方式的核心，而她所提出最強烈的指控，是這種政治的形態：哲學家的la politique，造成一種對於行動的貶抑，造成了對行動的遺忘。這是那種最嚴重的遺忘；因為它指的不是一個偶然的遺忘，而是行動作為一個存在性的、作為人存在之條件的一個構成面向的被遺忘；而這遺忘，更加深了***praxis*行動**與***poiésis*創作**⑬之間的混淆。這種情況下的la politique，完全不是眾人協力之行動的實踐或是表現，而變成是一個哲學菁英以創作之形式去構想la politique的這樣一個工作。

再用H. Arendt的話說，「這些打從根底就錯了的東西」，一直潛藏在整個西方政治哲學的歷史裡[23]；能夠因為一個批判的計畫，就被挑出、排除、克服，而使得我們能夠有權重新使用批判的政治哲學這個名目嗎？在H. Arendt看來，這代表著對政治哲學的批判工作，必須要能與傳統保持距離，要與所承襲的政治哲學分離，以便能解除對於行動的遺忘，而因此重新找到政治之存在的形式，*bios politikos*之優越。H. Arendt指出，構成這個傳統的，是四個基本構想：將***polis*城邦**⑭隸屬於***oikia*氏家**⑮之下；將***archein*命令/*prattein*行**

⑬ 原著使用希臘文。這裡尤其意指H. Arendt界定為「Work」的那些人為創作。

23 H. Arendt, *Journal de pensée*, vol.I, trad. de l'allemand et de l'anglais par S. Courtine-Denamy, Paris, Seuil, 2005, p.278.

⑭ 原著使用希臘文。

⑮ 原著使用希臘文。Oikia：涵蓋家族與奴僕的氏家。

動[⑯]這組概念切割，以便用治理代替行動，同時劃分出下命令的一群人及聽命行事的一群人；對於強大的嚮往，造成以聽命行事代替為實踐理念而行動；最後是否定多元性的本體條件，摧毀亞里斯多德所謂「多重性的一個特定形態」，也就是城邦，以助長大一統（l'Un）。我們可以理解批判的工作，就是要與這些構想分離開來，將它們擺到括弧裡，以便能夠以一個「純粹而完整的哲學」眼光，來理解種種政治事物；就如同那些政治的書寫者（馬基維利、孟德斯鳩、托克維爾）[24]所開創的範例一樣。一旦重新認識了*bios politikos*同時具備的優越性以及自主性，一旦解除了依照柏拉圖的學院所建立的政治哲學，那對於行動及其種種特性的刻意遺忘，那麼*bios theorêtikos*的優位性，以及哲學家政府的這個幻想，就會一起被終結。批判的目的因此是要能防止la politique的被消滅而促成的宰制、也就是*oikia*氏家之中的主子與奴隸間關係型態。更精確地來說，H. Arendt批判工作的目標，是要指出那些綁架了政治哲學傳統的盲點，並且將之去除。當造成這些盲點的病灶被發現，她還得釐清其影響範圍，將它們各自分開，以預防在不同的秩序之間產生混淆，或者因為浮濫的化約，將一個秩序放到另一個之下。所以她對人類存在的條件做了一個分析，區分出三種根本的面向、三種存在的方式：勞動（le travail）、工作（l'œuvre）、行動（l'action）。如此一來，當政治哲學以工作（l'œuvre）的模式，將

⑯ 原著使用希臘文。Archein：起始又命令（commencer et aussi commander），Prattein：實踐理念而行動（agir）。

24 請容我建議讀者參閱我的著作：*Hannah Arendt contre la philosophie politique?* Paris, Sens&Tonka, 2006, p.38-47.

la politique想成是一種創作而非行動，我們就可以用來批評它所造成的混淆。簡單地說，在這之後，批判的步驟是在嚴格的界線下進行的，任何一個場域都不能無理地去蠶食其他場域。對批判的工作來說，到了這個地步，可以有兩種可能性：

或者，H. Arendt換個戰場，轉向去建立一個la politique之英雄凱歌的概念，就好像重啟政治的優越性之路，同時也摧毀了政治哲學的基礎，意即摧毀了哲學之存在的方式，*bios theorêtikos*之於*bios politikos*的優位性。她從此朝向一種「感人的」，「在聲調中，理解情感的藝術，將聲調**當成**情感來理解[25]」，為思想譜寫一種英雄凱歌式的聲調，給予它對抗傳統政治哲學枷鎖的武器。

或者她在傳統之外開展另一個政治哲學。事實上，H. Arendt的批判姿態是相當複雜的。在點明了出於傳統之政治哲學那無合法性的妄念後，即便是冒著又掉入那種政治現象之實證分析研究的貧瘠計畫之風險，她也重申了尋找一個新的政治哲學，也就是在種種政治事物之前抱著敬意的驚奇，這種哲學取徑的合法性。光是這個姿態還不夠，她還立即指出這個驚奇的對象，是「誕生了人類事務的世界」之眾人之多樣性的條件。然而，將多樣性視為這驚奇的優先對象，所需要的，正是一個真正之觀點轉換，換成另一個**驚奇**une torsion du *thaumazein*⑰；也就是要從注視完全的存在（l'être de l'étant en sa totalité）、宇宙的和諧、

25 Françoise Proust, *Kant, le ton de l'histoire*, Paris, Payot, 1991, p.336.

⑰ 原著使用希臘文。Thaumazein：驚奇（étonnement）.

靈魂、死亡……等古典對象，轉而去注視那些恰好被傳統認為是阻礙驚奇之動人的障礙物，而看到其中叫人生敬的驚奇。也就是將思想的障礙物轉變成思索的對象，自然地，以往不被懷疑的種種取徑因此展開；以往的運作是藉口哲學之存在的方式的優越，而罔顧眾人之多樣性的條件，但現在取而代之的，是一個反向的運作，正是要朝向這個條件邁進。有賴這個哥白尼式的革命，我們可以掌握這另一種政治哲學的外部條件：不再無視眾人之多樣性的條件，而是以驚奇看待；同時，這個條件的實現是在城邦裡，也是經由城邦，自此其周圍繞行的是人類事務以及多樣性與行動交會時產生的「奇蹟」。

此時哲學的另一個面貌也可以得見天日。但首先還是得要在其複雜性裡，了解柏拉圖的立論。針對柏拉圖派的政治哲學建構，將美的概念過渡到善的概念，H. Arendt採取一個批判的態度，致力終止哲學對la politique的宰制。這是何以她花了極大的篇幅，在說明柏拉圖所造成的種種概念之體系的轉向。事實上，柏拉圖還意圖要將這個體系應用到la politique之上；但la politique其實有一個完全不同的根源，也就是那可以用來對事物根源靜觀思索的概念。這個轉向所接著帶來的，是種種概念的功能之轉變。原本功能是為了要對事物根源靜觀思索的概念，被轉變成一種衡量的工具。因此，當他重回囚禁人類的洞窟（la caverne）[18]，哲學家就可以將這種種概念所創造的一種衡量之術，

[18] 參閱柏拉圖 *La République*, Livre VII.

應用到人類事務，也就是la politique之上。當善的概念被視為所有事物的衡量工具，那衡量人們的行為是否符合這個至高概念，就成為概念的專家－哲學家的專屬權利了。這裡我們看到了概念功能的雙重轉變，因為作為衡量工具的概念，又蛻變為約束人們行為、判斷行動是否服從於規範的規範。當他發現了一個他的概念體系可以應用的新場域，柏拉圖又同時將哲學建構成一種訓誡的主體權威，來生產用以控制與節制大眾行為的規範。以上只是H. Arendt之說明的結果部分，而經由這些闡釋，H. Arendt對於如此建構的政治哲學，提出了最嚴重的指控：那完全不是一個自由的體系；而因為依著柏拉圖理論，將去認識與去做分離開來，它最後變成了一個宰制的理論。

H. Arendt並不止於一個計劃性的宣示，也不止於界定這另一個政治哲學的特色，她還實踐之，這在她的第三本鉅著**論革命***On Revolution*中具體地展現；在平常的閱讀之外，我們看到這本書中的論點，在幾個世紀的遮蔽之後重新發現行動，以生生不息（la natalité）代替終歸死亡（la mortalité），使得革命可以首先被當成一種起始來思考；可以說，這本書是把這新的政治哲學付諸驗證的一個大膽嘗試。我們說，這是政治哲學的另一個面貌。以一種批判的態度，跟柏拉圖式的轉向抱持距離，換一種*thaumazein***驚奇**而迎向多樣性的條件，使得一個哲學之到來成為可能；而這個哲學並不是豎在城邦之前，由其外部來強加*nomos***法律**[19]與規

⑲ 原著使用希臘文。

則的。哲學並不在哲學與眾人之間刻意造成對抗性，而自命位居*upsi polis*城邦之上⑳。拒絕絕對化或神聖化思考活動特有的退隱，相反地，哲學家在退隱思辨的同時，知道要不忽視其所屬、不脫離多樣性條件。人群中的一個人，就像H. Arendt眼中的蘇格拉底，他在城邦中實踐哲學，在其廣場和街道四周與人巧遇，在一個開放空間、而非只有少數人掌握真理的封閉空間中，念茲在茲地以多數大眾（*oi polloi*眾人㉑）或是**人們**為念。這是何以蘇格拉底能夠站在一個平等的基礎上，不蔑視*doxa*意見㉒，因為他深信一條由意見通往真理的路徑；他是一個喚醒者，努力要喚醒他的城邦公民們每個人身上的探索天性，好讓他們能夠自己走上這條路徑。哲學在這裡，就不是為了重申用以規範城邦以及建構一個哲學家政府的種種哲學真理，它在這裡的目的就只是協助公民去獲得真理。H. Arendt寫道：「蘇格拉底試著協助每一個公民都能生成他自己所具有的種種真理，以使得城邦變得更為真實……蘇格拉底教育公民，只是想要加強他們的*doxai*種種意見㉓，蘇格拉底自己也參與其中的政治生活，正是由*doxai*種種意見所構成的[26]。」

現在我們可以有堅實的基礎，來「翻譯詮釋」H. Arendt在批判的政治哲學當中，所要尋找的、新的「真正的政治哲學」。我們經由前面對其思辨過程的描述，可以看到一個批判反省的工作及其種種結果：場域的分離、劃定領域的清楚範圍、另一種政治哲學

⑳ 原著使用希臘文。
㉑ 原著使用希臘文。
㉒ 原著使用希臘文。
㉓ 原著使用希臘文。Doxa：意見（單數）。Doxai：種種意見（複數）。
26 H. Arendt, «Philosophy and Politics», *Social Research*, vol. 57, n°1, 1990, p.81.

之種種可能條件的探尋，以便完全避免所有的損害、所有的打壓，而此處指的就是哲學以及哲學家對於政治之存在濫行的宰制。有賴於所有這些批判性的手段，H. Arendt先是能夠打破出於柏拉圖建制的傳統，進而能夠揭開幾個世紀以來掩蓋行動的帷幕，同時開啟那通過兩個conditions *sine qua non*不可或缺[24]的核心，使得一個政治哲學可以名副其實之前所未見的取徑；核心之一是那總是必要的區分，也可以說是基礎，就是區分作為一種自由的經驗之la politique與宰制；另一個核心，是總在其不可化約的獨特性中，去察覺種種政治事物。如此一來，我們可以再次專注於種種政治事物的自身，將它們由所有自命為主宰者那邊解救出來；因為這些自命為主宰者的，總是以其權威之名模糊種種政治事物，同時阻礙它們去完成其命運，亦即其存在的理由。

H. Arendt多次自述，要不是這個詞已經被「批判理論」所使用，批判會是最能、最適合定義其思想的界定詞；所以我們更加可以選擇這一個翻譯詮釋的方式。

然而毫無疑問的，我們也可以換從法蘭克福學派這一邊，來闡明所謂批判的政治哲學所要表達的意義，因為在我看來，在一定條件下，批判的政治哲學的概念，與批判理論是有多重關係的。批判理論在面對傳統的理論時，重拾一個反省的理論，這個理論從內在就有著持續辨明它跟社會－歷史的關係之企圖，

[24] 原著使用拉丁文。

也就是要辨明理論之概念結構，以及和其外在，也就是社會實踐之全體，之間的關係。

尤有甚者，就像我用來作為這本論文集書名的那篇文章，**倡議一個批判的政治哲學***Pour une philosophie politique critique*中所說的，法蘭克福學派有兩個重要貢獻，一是區分宰制與剝削，另一個是發展出一個複雜的理論，而能夠對宰制的諸多面相提出批判。看到批判的政治哲學此一稱謂，我們要知道批判這個用詞，與對宰制之批判有著關係；宰制有多種形式：對自然的宰制、人對人的宰制、對人的內在的宰制，這是M. Horkheimer以及T. W. Adorno在他們的諸多著作中，所建立的分類。這裡再次讓批判的政治哲學回到對宰制的批判，是一種學習避免落入兩個陷阱的方法。一方面是要能抗拒將la politique與宰制混為一談，或是將一個化約到另一個之下。而且，承認宰制的事實並不一定帶來對la politique的化約，反而是加深其區別。在這一點上，批判理論展現了一個差異極大的分歧。M. Horkheimer造成了混淆，T. W. Adorno則成功地將la politique與宰制分離，而且將la politique與解放連在一起。另一方面，這是要去抗拒以種種政治事物的獨特性之名，而忽略宰制之事實的趨勢；彷彿對政治問題的思考，就會讓人對種種宰制現象盲目。同時，一個批判的政治哲學的計畫，努力要去補救批判理論的一個不足跟一個沉默；我們可以說，批判理論對政治問題的思考是「空心的」，只是將它視為跟宰制相反的一個方向；彷彿禁止造像（les images）人們就無法想像（imaginer）自由的內容與形式[25]。儘管很明顯的，其性質是一個解放的政治，但是批判理論顯得總是將那些關於種種政治事物之獨特性與組成特質、其實現及自由的建制之思考與工作往後推延；就好像對其成員來說，只要將自由辯證地想成是宰制的相反就夠了，而沒有去考慮到現在看來已經是可能的辯證之停滯，也不去觸及未來的主動性，不去思索無宰制（non-domination）以及在那之上自由的面貌，不論那將是激進民主還是眾議共和。他們對於法律及法哲學的用心，也只是讓這個缺憾顯得更為空白。

最後，批判的政治哲學是一種回應**政治哲學之爭***Querelle de la philosophie politique*，同時採取一個立場的方法。事實上，法國的知識圈正在發生一個日復一日而且益見清晰之真正的**政治哲學之爭**。其針鋒相對的兩方，一邊是復古派，一邊是貶抑派。前者，如同我們在前文已經摘要的，主張一個恢復舊制的哲學，而後者正依此指控政治哲學只是復古與保守主義的結果。單就它能夠讓我們置身於這個爭論之外，批判的計畫就可說是十分可貴的了。雖然在對於主流政治哲學之復古守舊的指控上，我們意見一致，但是對於這樣將所有的政治哲學混為一談的指控，同時以一種霸道而看似定讞的判決，來宣告政治哲學的終結，是我們不能同意的。前面我們已經指出，在一定的條件下，那些從柏拉圖開始就綁架著西方政治哲學的

㉕ 作者在這裡以猶太傳統的不能造像為隱喻。猶太傳統不能造神像，但神是以人的形象去想像的，亦即是不能創造人的形象，換言之，不能去想像人的種種可能。

「打從根底就錯了的東西」，是有可能完全被消除的。批判的政治哲學的工作，不正是要消除這些「打從根底就錯了的」，並且監視著那總可能發生的反擊？而且這個哲學所採取的不就是一個批判理論慣用的立場：既不是這些，也不是那些，拒絕去接受那或近或遠的、一種官僚體制式的二者中擇一嗎？既不是我們前面已經明白反對的復古派，也不是貶抑派；因為如果我們仔細看，他們對政治哲學的批判抱持的是一個僵化的概念。他們將政治哲學絕對化、刻板化，以求找到一個出路，以實現一個運動、一個過程。對政治哲學的批判，就如H. Arendt的著作所展示的，是一個動態過程的當下，因為是無止盡的，所以是未完成的。這個過程絕不會造成政治哲學的死亡、停滯，反而是具有「一個未來的政治哲學之前言」的價值；有賴於那全部的批判作為，開創了另一種哲學，將出自於「打從根底就錯了的」東西轉換，清除它們教條的、不平等的、威權的、階層的部分。但我們還是得要表明，在批判的精神之下，一個新哲學的誕生，絕對不是一個決定性的勝利，也不是一個就此能夠一直持續的安穩建構。誕生於一個批判的、平等的、反對階層的驅力，這個哲學必須不斷重複與日新又新地再現批判的姿態，以便能抑制那些表面上支持批判，但實則一不經意就順理成章開倒車的哲學。是在這個代價、也就只能是在這個代價之下，我們才能對先前提出的根本問題，給予一個正面的回答：對政治哲學的批判，最後能不能轉變成一個批判的政治哲學，同時以此自許？當這個批判的政治哲學之自許，一直持續致力於對宰制的批判，以及對變成是宰制之理論的政治哲學之批判，答案就是肯定的。意思是說，如果我們期望這個新的哲學，能夠自然地催生一個解放的la politique，它就必須持續從構成其存在之生源的地方獲得養分，也就是要持續對政治哲學的批判。同理，一個未來的形上學，必須不斷地回到對形上學的批判。就此我們了解，不應該將對政治哲學的批判，停泊在一個象徵其死亡及停滯的終點站，而應該將對政治哲學的批判，帶入一個圍繞其自身，沒有目標、無止盡的運動中；關於一個批判的政治哲學之創造，其唯一能具有合法性的方法，就是重新對政治哲學發起批判，而且如是繼續。我們倒是可以因為一些貶抑派人士，對批判的政治哲學之概念全盤否定的態度，而感到驚訝。就像Jacques Rancière名符其實地去對抗一個會變成哲學家政府或政治之肇始者的政治哲學。同時，我們在他那些如此激發人的作品中，尤其是**言不達意***La Mésentente*中，所看到的，難道不是一個這種哲學類型的構成元素嗎？

1. 首先，再清楚不過的，是政治與宰制之間的區別。與「規範的政治」相距遙遠，作為「一個使一無所有者有其位置之建制（l'institution d'une part des sans-part）」的la politique，所代表的恰恰是宰制的**中斷**。在J. Rancière看來，「當宰制的自然秩序，被那使一無所有者有其位置之建制所中斷時，才是la politique存在的時候[27]」。缺乏這個建制和中斷，就只剩下宰制的秩序或者是反叛的失序。

2. 對於衝突性與劃分的堅持。不像傳統政治哲學所為，將la politique與共同的善連在一起，J. Rancière視政治的建制為一個衝突的建制，在其當中，*démos*人民㉖依著其什麼都不是又什麼都是的特殊性，要使自己實至名歸。政治的建制首先是「一個過錯或者是一個根本的衝突的展現」。在窮人與富人的抗爭之間，窮人不只是窮人；他們主張擁有一個屬於所有公民的權利，一個空的頭銜：自由；「他們正是那個樣子的la politique所造成的過錯或是基本原則之扭曲」。就如同它擁有一個其特質就是不專有的名號，*démos*人民所指涉的群體並非真正全體一致，因為這個群體被言不達意及衝突的邏輯所穿透。「la politique是一個必然是衝突的群體之活動場域[28]」。政治社群的群體只能是分化的，因為他們是因一個過錯而起，而那使一無所有者有其位置之建制，正是為回應這個過錯而生；這建制是位居交換與分配的算數之外的。分化的群體，是一種我們需要學著去思考的關係之特殊型態。

3. 一個對於la politique那不可化約的獨特性之敏銳感受。在J. Rancière的行文中，我們不斷看到「可以說la politique是……」、「政治只能是在……」等文字，足夠顯示出一個關於la politique的爭議性概念；這不但是在探索其條件之可能性，同時也因為他特別強

27 Jacques Rancière, *La Mésentente. Politique et philosophie*, Paris, Galilée, 1995, p.31.

㉖ 原著使用希臘文。

28 前引書, p.33, 34, 35.

調的la politique之源頭，是來自一個言不達意、而非共同之善的邏輯，所以憂心於不能讓它變得模糊，不能讓它對於哲學家來說，是個引起紛紛議論的對象之特性被掩蓋掉。終止富人之宰制，la politique是使一無所有者有其位置之建制；將la politique帶回給*démos*人民，就是將一個最初的過錯揭露、放到台前，在這個挑戰下，人民創造出「那踰矩的企圖……要成為社群的全部[29]」。以加諸於他們的過錯之名，聚合那些一無所有者，人民於是創造出這個將自己視為社群之全部的企圖。雖說是一無所有的，但作為為數眾多的，就等同於全部。又或者，他們什麼也不是而擁有被視為是全部之權利。因為la politique一個起初的錯誤安排，政治社群因此被界定為：「就是被一個爭議點所分化；一個構成基礎的爭議點，一個在爭議各自權利之前，先爭議各造如何被劃分之爭議點[30]。」如果la politique的原則是平等，這個因為政治社群之建置所獲取的平等，是不論誰與誰都平等的平等，那麼其結果是顯示出「*arkhè*命令[㉗]之闕如，所有社會秩序之純粹的偶然性」。與la politique這個獨特性敏感相應的，是J. Rancière對於 politique與police，這分屬不同之共同生活邏輯之兩者的區分。構成la politique的，是去正視一個根本的錯誤安排、一個加諸於什麼也不是的人們之過錯，使一無所有者有其位置之建制；la police遵循的則完全是另一個原則，一個功能性的原則：「一個人，一個功能」；它關注的是軀體的配置（la

29 前引書, p.31.
30 前引書, p.28.
㉗ 原著使用希臘文。

distribution des corps），或者更普遍地說，是「權力的組織、位置與功能的安排，以及這些安排的合法化之體系」。簡單地說，就是那被某些人用來同時掩蓋la politique之群眾奮起與中斷的力量，掩蓋la politique之「無規範性」，所謂的「規範的政治」[31]。La police，其存在就致力於鞏固共識，甚至於，它就是共識之持續地被實現。相反的，la politique獨特的、「例外的」共同生活之型態，是那引入異見的事件、缺口；它在異見、在衝突地被放到台前與建制中，找到行動之原則。在這個意義下，民主是la politique與宰制之對抗的另一種面貌，在那主體化之獨特型態下，民主之目的是終止la police的統治和功能。

為什麼明明有這些要件 – la politique與宰制的分別，要將la politique之獨特性更清楚聚焦的意圖，以言不達意、爭議、反對哲學家政府之名而重回衝突的模式等等 – 卻又不承認政治哲學之多樣性，不承認一個教條式的哲學與一個批判的政治哲學之不同？就好像不管作者意圖為何，單單是政治哲學這一概念，就會抹滅所有區別，甚至更糟，阻礙所有區別化的過程？一個將政治社群之構成基礎的抗爭，放在首位的思想，為什麼竟能夠像否決一個建構於對共同之善的追尋與讚揚的政治哲學一樣，去否決一個在衝突的理論中，找到其活水源頭、其*origo fons*㉘的政治哲學呢？而且那衝突是被視為la politique的建構性面向與起源，不能在一個共識性的和解中被平息的。為什麼能夠如

31 前引書, p.51.

㉘ 原著使用拉丁文。Origo：起始；Fons：來源。

此輕易忽視馬基維利式的與傳統之斷絕呢？怎麼能夠不在言不達意中，看到一個批判的政治哲學之基本元件呢？在今日種種爭論之外，是不是應該在這個對政治哲學的全面否決中，看到馬克思關於哲學之死的命題再現？這裡是應用在政治哲學上；就好像這個命題從未在Karl Korsch的**馬克思主義與哲學***Marxisme et Philosophie*一書中被剖析提問，又好像T. W. Adorno從未在其**否定的辯證***Dialectique négative*一書中，對這個命題提出反駁而且最後將之排除。

由於是兩個面向的交會，這個政治哲學是批判的：一方面是對宰制的批判，另一方面，是對政治哲學種種可能性條件的一個持續不斷的質問。事實上，在這本論文集中，可以說是經由烏托邦的浮現，第三個面向也顯得清楚了，要將這個哲學導向為一個－「烏托邦的－批判的（critico-utopique）」政治哲學；這裡烏托邦這個字的意涵，就是馬克思在描繪烏托邦的社會主義者時，給予這個字的意涵；跟一般傳言相反，他對能夠知道去給予「一個新世界之想像性描述」，是有著極高評價的。在Pierre Leroux是人的聯繫（le lien humain），在Emmanuel Levinas是人世的（l'humain），從種種不同的形式裡，在烏托邦與民主的激盪中，試圖尋找一個出路，或者更好地，尋找一個朝向不同的出路，尋找朝向*l'autrement***那別樣的**。與那被自由主義禁錮的*doxa***意見**相反，民主並沒有禁制了烏托邦，並不像是說民主的時代繼烏托邦的時代而起，也顯示了後者的終結。如果我們可以接受烏托邦之恆久性或是延續性，思考民主與烏托邦之種種可能關係的嘗試，就會變得更是無限豐富。然而我們必須非常留意不去落入一個陷阱，那就是給予烏托邦這個詞彙最庸俗的意義，而說民主以既成秩序來審查，就是一個不可行或不可能實現之烏托邦計畫的那種論點和口號。我們太了解這種論點的後果了：如果民主的真實面貌是一個烏托邦，那麼唯一可以讓它符合現實的辦法，就是以最大的節制來行使它，甚至到讓它死氣沈沈的地步。民主與烏托邦之間的激盪，要能夠變得有革新性與創造性，條件就是必須要堅決地背棄既成秩序，同時還要在烏托邦的「積極性」中來構思它：如果我們優先考慮暫時的面向，要將它當做一個達成的境界；或者我們首先考慮的，是對別樣性（l'altérité）之追尋，那就要將它當作一個建構「tout autre完全別樣的」le politique與完全別樣的社會之計畫。而要讓民主這個社會的政治建制之形式，與烏托邦的相遇能夠是豐收的，還得將la politique不只是作為la politique來思考：意思是它那些被沈睡的驅力、意涵所貫穿、作用的地方，可以在與烏托邦接觸後被喚醒；而且這些還會超越la politique，也就是當la politique展現時，立即地也冒出「超越政治的（métapolitiques）」觀點，這些觀點會發現、彰顯，而使關於時間、存在與它者之間的種種關係之問題被提出來討論。

如果我們捨棄Hobbes，停止將la politique、政治建制當做對秩序問題的答案，當做一個秩序的建立；以及相反的，我們更是在關係、意即一個聯繫之設置上，或者更好的，在許許多多聯繫之鋪排的那邊，構想la politique、政治 – 建制，那麼la politique或是民主，就不可能不與現代的烏托邦相遇。現代烏托邦的獨特性，就是在人民的城邦，以結合（l'Association）來代替幾個世紀以來的宰制；好比一個新的失序之效應，就是要創造人與人間，那些前所未見的聯繫形式。Saint-Simon是某些人眼中的政治天才，他就有著要「創造從未存在過之種種關係」的計畫。

但是，與其覺得高興，應該要先衡量我們的重責之艱鉅。跟開啟一個簡單的連結、一條滿是玫瑰的坦途完全不同，那民主之不確定與烏托邦之無所在（non-lieu）間的相遇，讓我們投身於一個沒有*aporie*出口㉙的道路，使我們自此得要接受考驗。如何能夠同時去思考分化（la division）與結合（l'Association）呢？如何能夠同時去思考城邦與良善的城邦，即使城邦的建制就常常會去招喚一個良善的城邦呢？我們可以依循著Nicole Loraux在其著作中，所描繪的希臘城邦之各種可能面貌，來解決這個謎題，或至少是嘗試著勘查；也就是不再視希臘城邦為「美好的整體」，而是**分歧的城邦***La Cité divisée*，因而重視在劃分中的連結[32]。

我們再重申，有三個指南針可以、應該指引，這個對於一個解放的la politique之追尋：政治與宰制間的

㉙ 原著使用希臘文。

32 Nicole Loraux, *La Cité divisée*, Paris, Payot, 1997.

不同，在所有的人類城邦中，自由的慾望與宰制的慾望間的對抗；la politique之不可化約的獨特性、異質性；以及就像烏托邦一樣堅持挺立的衝突、分化之恆常性。

條條道路

【La Politique之批判】叢書宣言

Manifeste de la collection «Critique de la politique»

政治經濟學的批判沒有排除，也不能排除la politique的批判；la politique的批判，在青年馬克思的計畫中，在他1843與1844年的鴻文中，是不可或缺並且凸顯的部分。la politique的批判奠基於宰制與剝削根本的區分之上，致力於重新找回這個遺失的，或者說，刻意被遮蔽的面向。綜觀宰制與剝削種種不同的現象，迥異的概念，即便在有些宰制中賦予le politique相對自主性，宰制仍然不能被化約為剝削，也不能被視為剝削的變種。

La politique的批判瞄準宰制－奴役這個獨特的歷史結構。此外，它是這麼定義的：

——它反對政治社會學；反對那作為政治哲學所提出的批判性問題被掩埋的層次的政治社會學：後者宣稱要建立一個le politique的科學，實則試著將la politique 變成一種科學技術規則；

——它選擇了一個觀點：站在被宰制者，那些居於下層而總是處於常規之外的人們那邊，來書寫le politique；

——它延續La Boétie睿智地展開的疑問：為何被宰制的多數不起而反抗？

為了要能創造一個新的開口，這個批判的努力將在三個主要方向上展開：

不同於政治主義（politisme），**一個宰制之社會的批判**。在法蘭克福學派的傳承下，將現代社會任何政體裡，都存在一個全面宰制的傾向，當成起始的假設。這個批判致力揭露，在意識型態式的合法性之外，那些與le politique之移動有關的新的宰制形式，以及官僚體制的全面統治。宰制結構的模糊不清，讓我們需要對le politique的種種歷史形式，進行一個譜系學研究。對於國家的批判誠然是很根本的，但絕非僅止於此；這個批判也將和宰制的種種複雜結構一樣多面多樣，以致力於將它們都公諸於世。

一個政治理性的批判。這個批判，在從歷史過程建構出政治理性的種種鉅著裡，要讓la politique的種種理論批判展現生氣，更要探究西方le politique 思想的各個盲點，探究哲學與le politique的關係，以及試著圈圍出宰制的理論根源。

一個對*la politique*之種種現實批判的重現。重現在不同的群眾抗爭與革命中，那些能夠堅守不要神也不要主子（ni Dieu ni Maître）的決心，以行動攻擊宰制結構本身，並且沒有再去建立一個新的強制權力，而是試著要破除主子與奴隸劃分的諸多社會運動。

不同於許多現代主義的潮流，追求的是 la politique

的地位恢復；【La Politique之批判】叢書致力傾聽那些試圖打破各種「奴役之枷鎖」的計畫，著意揭露那些藉著在社會顛覆與國家轉變或現代化間，製造認識上的混淆，假借政治解放之名，實則阻擋人之解放的種種操作。

現代政治哲學與解放

Philosophie politique moderne et émancipation

在今天執行一個政治哲學的出版工作，即使不顯得冒險，至少也是有待商榷的。難道不是嗎？擺明的是，當我們希望看到哲學與le politique的對照，或甚至只是交會，必然就會與傳統的沈重或者是那些來自不同視野之種種企圖的放肆相衝突，面對他們有志一同的阻礙。在大部分哲學家的眼中，就算是承認政治哲學有存在的權利，也只將這個學門視為一個次要的種類，就像是哲學作品的附錄，或更糟，視它為一個混雜的種類，也就是le politique的墮落要來搗亂哲學的從容與高尚的地方。至於有一些政治學者、一些政治科學的專家們，就其青澀的衝勁下，野心勃勃地要建立起一個政治現象的經驗－分析科學（通常是功能論與馬克思主義間，一種不穩定的綜合），對這種他們視為老掉牙的論述形式，則只有蔑視。因為他們自以為中肯地將哲學與意識型態混為一談，所以在他們看來，由於沒有能力在科學與意識型態間，劃定一個原則性的區別，政治哲學一看就是毫無價值的；或者，稍微認真一點考慮，他們認為政治哲學最多也就是道德的一種有點幼稚的重申。難道不是嗎，政治哲學甚至不懂得只有一種道德中立的知識形式才能符合科學之名？

這些觀察好像顯得過時了？的確，在晚近十年，種種對照及打破門戶的興趣與意願都顯露出徵兆；同時，尤其因為它們只有在為人重視而且可以成為一致意見時，才能有其價值，現在的這些努力豈不應該被我們期許。

然而，即使沒有忽略國族特性與十九世紀時，哲學那蓬勃發展的機構間之密切關連，只以一種單純是機構的與法國的觀點來看待政治哲學的危機，還是很短視的。這個危機在當今幾乎是舉世皆然的，而且種種威脅也遠非只是對一個教學或是研究學門的侵襲。讓我們聽聽Leo Strauss的評斷：「今天，政治哲學處在一個瓦解、甚至是腐壞的狀態。雖然它還沒完全消失，但不僅對於其研究對象、方法以及功能等問題，都最全面地籠罩在一片互不同意中；連不論是以哪一種形式出現，它的可能性都會為人質疑。……要是我們說，在今日，政治哲學不存在了，或者說它像是人們在埋葬的東西，也就是說它像是歷史研究的對象，或者像個畏畏縮縮又毫無自信的抗議主題，那一點都不顯得誇張。[1]」

L. Strauss對這危機的診斷，明確地指出了一個時代：政治哲學的危機是現代性的危機，或者如果將這個論斷顛倒過來，現代性的危機主要是產生在現代政

1 Leo Strauss, *Qu'est-ce que la philosophie politique ?*, (1959), trad. de l'anglais par O. Seyden, Paris, PUF, 1992, p.22-23.

治哲學的危機當中的。這是過分、挑釁、本質上就是要引起哄堂大笑的主張。但要是我們知道認真去聽懂L. Strauss筆下的反諷：我們首先注意到政治哲學基本上不是一個學院的學門；而細數那些偉大的政治哲學家，蘇格拉底、柏拉圖、色諾芬、亞里斯多德、馬基維利、盧梭都不是大學裡的教授；我們因此可以預知這危機關係到的是「人①」的命運，而這種思考的形式之衰退，正不折不扣的是虛無主義（nihilisme）的問題，或者，對於不可容忍之事，比如1933年的事件②，的拒絕或接受的問題。

那結論就顯得很清楚了；必須得要重建政治哲學，而要達成這個目的，得先回溯到古典哲學之毀壞的開端時刻、那現代政治哲學的起點。簡單地說，就是重啟那**從前的人們與現代的人們之間的爭議***Querelle des Anciens et des Modernes*，以便能選擇站在從前的人們，也就是古典的政治哲學那邊，以對抗那現代的計畫。重建不等於全然重複。以L. Strauss的現身說法，這個「回到從前的人們那邊」並不能有一個經驗性的意義；如果一成不變，面對現代的計畫所造成的那種社會形態，那是從前的人們所完全不認識的，傳統並不可能直接就應用在那上面。尤其要避免那些應該要開啟一個觀點，從一個能夠拉開距離的位置來審視現代世界的努力，被變換成是口號或是教條式的規章[2]。

此外，對L. Strauss的參照，不應該讓我們忽視一些問題。如果說，所有對政治哲學的興趣，都不能

① 作者在這裡，隱含嘲諷地，用的是le vieil Adam，來自基督教聖經的用法，指的是帶罪的人，也就是所有的人。這裡直接翻譯為「人」。

② 指1933年希特勒之掌權。

2 關於這點，請容我們建議讀者，參閱在1983年版的**環球百科全書***Encyclopaedia Universalis*中，我與Michel-Pierre Edmond聯合撰寫的「Leo Strauss」條目。

不特別去討論他的著作，或更恰當地說，不能不在與L. Strauss的對話或衝突中，來建立或確認之－因為怎麼可能忘記他的思想在與當代關於le politique之思想交會時，造成的那不可抹滅的震撼－但這也不表示我們因此應該迴避去檢視L. Strauss對現代性的分析。事實上，一些根本的問題依然在。

——我們可以將現代性之種種不同的基礎視為是同質的嗎？我們可以把馬基維利、Bacon、霍布斯等開創基礎的代表性人物，一併歸到同一個類別，比如說，現代的計畫裡頭嗎？

——現代性只能夠由，就像L. Strauss建議我們的，從前的種種失落、衰頹、微小－現代社會看起來像是小人國[③]－視野的縮限等等跡象來思考嗎？為什麼一個絕對是反獨裁的思想，對於現代世界那一種獨特之新的自由的萌發，可以顯得無動於衷呢？對**從前的人們與現代的人們之間的爭議**之政治意涵相當有見地的Pierre Leroux，就能夠在解放中，辨識出現代性的本質：一個三重的解放，而因此對於「人類（l'Humanité）的一種躍升，其所有的能力都有一種神奇的昇華」產生一個新的肯定、開創的感受；同時不因此而失了小心，忽略了有一種和解的妄想會肇生一種新的奴役，而威脅了這個現代的解放。何況L. Strauss能夠不被抗議地主張說，現代時期是從次等人（sous-humain）的，而非上等人（supra humain）的見識來了解人的種種嗎？換一種觀點，一種較為複雜但也較為

③ 原文用Lilliput，格利佛遊記中的小人國。

寬廣的觀點，留意現代的晦澀也同時留意穿透這個晦澀就可以浮現的東西，跟著Maurice Merleau-Ponty來看現代性，不就可以把我們的時代用「既不是一個以次等的角度對人做的解釋，也不是以上等的角度對人做的解釋[3]」來理解。而這樣一個取徑，不是讓le politique封閉在自己的世界裡，而是將它從內在本質上，朝著另外一個面相打開；比如說，人為創造（l'œuvre）的面相，它以現代的種種方式而致力於le politique，因其同時的不可化約性與相對性，使得le politique藉由對這個面相的打開，得以去除要主宰一切的幻覺。現在性存在著其它的模式，或像是未完成的計畫，或像是模稜兩可的，在其當中是新的發明、新的萌芽與重複原有之間對抗的計畫。

——與其接受要在兩者中擇一：或者是標誌著回到從前的人們那邊的政治哲學，或者是在現代的人們那邊的社會科學；只要假設現代的計畫不一定也不是只能造成le politique的一個「科學化」，去展開與探索另一個兩者中擇一：古典的政治哲學或是現代的政治哲學，不是更合適嗎？對於一個理解能力的特定形式之崩解的有所領會，可以伴隨著對另一個形式之興起的一種關注。而這個關注會因此產生渴望，排開歷史主義（l'historicisme）或是實證主義（le positivisme），而在比如說，「馬基維利時刻（le moment machiavélien）」那邊，或是在德國理想主義當中的批判主義傳統那邊，去尋覓可以創造一個現

3 Maurice Merleau-Ponty, *Signes*, Paris, Gallimard, 1961, p.304.

代的政治哲學的地方或場所。

所以說這是在重新啟動，或更好，**重新建立**這一個能夠發明出與傳統間前所未見的種種關係之觀點中，我們意圖要繼續我們關於一個現代的政治哲學、關於自由的而非美德的哲學之理念與合法性的思索。我們原則地將我們的工作分成四個方面的探究。

——在避免去提供一個自然秩序或是世界秩序之目的論式的參照對象，同時也避免經由將le politique化約縮小而當成是一個整體性的層次，讓人們去建立起一個局部範圍的科學的條件下，藉由哪一個取徑，現代的政治哲學能夠做到探索le politique的組成特質呢？那「相對的自主（l'autonomie relative）」之論點，有些人因為它避免了le politique被歸併到經濟學裡面，而認為是一種進步，是可以被用另一個方式詮釋的：也就是將它看做一個策略性的轉移，看做一個巧妙的查禁形式，在多元決定的外表下，而能夠防堵盧梭所謂的「所有事物都與le politique有關（tout tient au politique）」的這個激進主張。

不管那是一種行動的現象學（Hannah Arendt），一種特意強調社會化種種模式之多樣性的現象學（Jürgen Habermas），或者是一種將le politique當做是社會之構成來思考的現象學（Claude Lefort），所彰顯的不正是同一個決心：收復、重新擁有種種政治事物那不可化約的異質性；種種政治事物那不可化約的異質性，是我們不能夠藉由任何自然的或物質的必要性，或是任何實證性來看待的。我們要看待它的方式，簡單地說，是去思考就像共和（la République）在被開創之初那兩種城邦所顯現出的截然不同；去思考在需求的相互性之外、在利益的追求之外、在社會分工及其後果之外，人們會有不同的共同生活方式的這個謎題；去思考因為兩種城邦的不同，而凸顯之人們間獨特的關係、聯繫的形式。當le politique在自甘為奴（la servitude volontaire）的樣貌下被思考時（La Boétie），或是在人們由「牲畜」要變成「人」的奮戰之樣貌下被思考時（馬基維利），人們間種種事物、人們間的社會聯繫之謎題，都持續存在，或者是彰顯出來。

——要避免將le politique實證主義化，也避免將它變成一個社會學的研究對象，那我們所謂的探索le politique是什麼？而我們要藉由哪一種智識的幫助去思索le politique呢？

——現代的政治哲學與社會科學間的關係是什麼呢？

——在根絕了古典的那「高貴的夢想」以及排除掉現代的那善良社會的幻想之後，現代的思想對於最理想的政體這一個問題，要經歷哪一種轉變、哪一種轉向，才不會掉入一種理解的政治之實證主義（le positivisme d'une politique de l'entendement）[4]，也不會掉入虛無主義之中呢？難道不是在新的種種社會型態所帶來的前所未見的經驗中，以及對於極權主義

④ 理性的政治（la politique de la raison）與理解的政治（la politique de l'entendement）之對照出自Alain的思想，而Merleau- Ponty在*Les Aventures de la dialectique*一書開頭中引用，並借用R. Aron的一段話：「我們理性地回答他，沒有任何政治不是既來自理解又來自理性的。On lui a répondu avec raison qu'il n'y a pas de politique qui ne soit et d'entendement et de raison」. (p.8)

這個型態所造成的種種問題之耐心關注，最能夠出現可以重新提出自由以及民主的問題之條件？

因為理所當然的，現代的政治哲學因為致力於自由而對於宰制的批判，必然要試著在新的條件下，重新面對那個問題，那註定要一直是問題的人的解放之問題。這會是遠離所有屈從的形式，而永不停歇的。

究竟是哪一種回歸呢？

De quel retour s'agit-il?

這個標題所宣示的問題可以見證，在那些被視為是回歸之徵兆的若干現象面前，一種逐漸生長的疑惑，或甚至可說是一種焦躁不安。事實上我們看到，那重新出現的，並非是我們所期待的。錯把馮京當馬涼？經過許多人先後努力，那被期待的目標依然還是叫人殷殷期盼；或者說，本來應該是一種回歸，卻漸漸地被一種**恢復舊制**佔據了位子，而讓我們可以認為，這恢復舊制甚至會對我們所曾經期盼的回歸造成阻礙。認真地來說，大概只有幾個獨特的作品堪稱例外，而我們尤其可以以它們為借鏡，來仔細測量回歸與恢復舊制間的距離。

事實上，我們不就正在面對著兩種知識姿態，它們雖然看似非常相近，但卻製造了一個極其可憾的混淆：一種是回歸到政治哲學，另一種則是回歸到種種政治事物（les choses politiques）？

來自第一種姿態的徵兆是很多的：期刊、書系的創立、研討會的舉辦、學會的組織、研究計畫的發表……。看起來好像這個運動在現今知識圈那熱鬧非凡、近乎一體適用的模子裡順暢地展開；這是第一個警訊。不管掛的是什麼旗幟，政治哲學、道德哲學、法哲學，航道都一樣。它的第一步是多少帶著些遺憾地，對那一個謎樣的消失做個描述：那個我們要重新關注的知識領域，是很奇怪地消失在當代人知識生活中的。第二步，無視於這件事的奇怪，分析者繼續他的調查，很容易地就會遭遇到那可惡的三人組：馬克思、尼采、佛洛依德；或者三人中隨便哪一個，就可以被說成是足夠邪惡，自己一個人就可做出那懷疑三人組（la triade du soupçon）所造成的致命後果。第三步，終於發表了一個計畫宣言，回歸到那被忽略的學門，尤其是回歸到那拘謹的學門；因為它若不是被呈現與實作成一個「衰弱的思想」，就是一個局部有效的理論。

回歸到種種政治事物以及它所帶來的答案，則完全是另一回事。我們也可以說，是種種政治事物回來了。那不再是由詮釋者選擇回頭，去讓一個一度被消除掉的論述重見天日，而是種種政治事物在今日的湧現，打破了加諸其上的遺忘，而等待我們的回應。極權主義試圖要終結le politique 的作為，在它們紛紛解體的時刻，le politique的重新回來讓我們看到的是，其「恆常性」不是要激發我們去重拾已經開拓的舊路，而是要我們得開啟前所未有的途徑；因為這個恆常性自己就是必須考慮的問題。這兩種知識姿態，如果我們將它們混為一談，以為它們殊途同歸或是回應相同的企圖，那將會是嚴重的錯誤；雖然說後者看起來比較廣泛，好像自然地會包括與開展出前者，但其實全然不是如此。就算嚴格地來說，種種政治事物的回歸，是有可能包括一個政治哲學的回歸，或者更精確地說是回到傳統、那已經毀壞的傳統，但我們還是可以認為政治哲學的回歸，有可能會帶來一個自相矛盾的結果，而使得我們扭曲了種種政治事物，甚至又再次將它們埋沒。然而，當我們一旦想起我們這個時代兩位最偉大的le politique之思想家，Hannah Arendt與Claude Lefort，這個假設之模稜兩可的性格就會大為降低。他們兩人分別以異於自由主義的觀點，來批判極權主義的宰制，又同時對於傳統上人們所謂的政治哲學，展現出最極端的保留態度。H. Arendt自許為「政治的作家」，致力以一個完全哲學之純粹觀點（un regard pur de toute philosophie），來考慮種種政治事物；也就是一個沒有被哲學家們之「專業的扭曲」，及他們對於la politique之蔑視所干擾的觀點。C. Lefort以「le politique之思想」來定義他的論著，而不願被歸類為政治哲學：在他眼中政治哲學太常被跟某個基礎（宇宙，自然，神……等等）關連在一起。兩位le politique之偉大思想家都反對政治哲學，也都針對馬其維利論著所造成的斷裂[1]，建立起一個積極與具開創性的關係；這個事實雖然乍看之下那麼叫人疑惑，似乎還是被忽略、否認或者遺忘了。但這個事實值得我們所有的關注，因為將它釐清可以帶領我們直探我們

① 指馬其維利與傳統之政治思想的斷裂，強調衝突與自由，而開創出一種對le politique與la politique的全新看法。

的種種問題與難處之核心。馬克思或是尼采的媚惑看起來是消失了，當今對於政治哲學的熱衷已經復甦；但他們兩人這一致的保留態度，難道還不足以顯示，這個情形往好處說是一種天真，往壞處想豈不是一個詭計。因此留待考慮的，是這個保留態度的意義與種種影響，得要去了解如何能施行「政治思想之實踐」（H. Arendt），或是致力於「思索le politique」（C. Lefort）；得要與政治哲學保持距離，還必須要努力對抗政治哲學，以求能從承襲的思想之沈重中脫身，同時又不因此變成不管哪一種社會學的*techné*技法②。

為了要更清楚地區分回歸與恢復舊制的不同，讓我們回過頭來看看Ludwig Feuerbach；新潮流的熱中者好像幾乎都不知道這個人，而他在1842年，「一個哲學改革之必要Nécessité d'une réforme de la philosophie」這篇文章的一開頭，就清楚地明辨兩種不同類型的改革：

「一個與它之前的種種哲學發生於相同的歷史基礎之新哲學是一回事；而一個發生於人類歷史上一個截然全新時代的哲學則完全是另一回事。一個不過是那哲學需求的孩子之哲學（比方說，Fichte的哲學與康德的哲學間之關係③）是一回事，而一個回應人類需求的哲學則完全是另一回事。一個恢復哲學的歷史、而只是間接觸及人類歷史的哲學是一回事；但是一個立即就是人類歷史的哲學，則完全是另一回事。[1]」

是以，如果我們能夠採取被Franz Rozensweig讚

② 原文使用希臘文，指技藝。

③ 指Fichte（1762-1814）的哲學承襲康德（1724-1804）。

1 Ludwig Feuerbach, *Manifestes philosophiques*, textes choisis (1839-1845) et trad. par L. Althusser, Paris, PUF, 1973, p.96.

譽為新思想締造者之L. Feuerbach所開啟的路徑，我們就會知道要看清在政治哲學名目下，有那只是學院裡一個學門單純的復甦：它被禁錮在一個狹隘的機構視野中，彷彿之前的一切都沒發生過似地重新起步，而且還被表現成幾乎是必然地要轉變成政治哲學史。然而，完全另一回事的，借用L. Feuerbach的說法，是在極權主義之後所凸顯的le politique 之需求，也就是在極權主義的宰制嘗試過要永遠去除、抹滅那人之存在條件最根本的面相之後，種種政治事物被重新發現；簡單地說，很清楚的，那是一個人類之需求的孩子。這是另一種問題、另一種計畫、另一些關鍵得失、另一種思索的型態、另一種考量。我們可以很容易地想到：以康德的觀點來研究盧梭是一回事；因為極權主義的經驗使得自甘為奴（la servitude volontaire）這一個命題重新被啟動，所以提出自甘為奴的問題，而在這些相同的經驗下，去提問le politique之可能意義，則完全是另一回事。然而，不就正是因為這個抵抗的思維、而非學院的操課之區別與源頭，讓兩位思想家得以在描繪極權主義之本質的同時，在一個不可分割的思考過程中，或者是致力於重新發現**行動**有別於工作與勞動之獨特性④，或者是提出關於現代民主的問題⑤。而這兩個問題則因為一個更激進的問題之提出而相互關連，也就是，政治事物是什麼？而這個問題是為了要展開種種最終的問題，比如：自由，自由的「奇蹟」⑥是什麼？被視為是政治之存在的人是什麼？

④ 參閱H. Arendt, *The humain condition.*

⑤ 參閱C. Lefort著作。

⑥ 參閱H. Arendt, *Qu'est-ce que la politique?*

如何區分宰制、權力、威權？如何區分政治與國家？以對抗國家的社會之視野來思考的le politique，其意義是什麼？自由的政治體制與專制間的區別為何？公眾的幸福，這現代諸多重大的革命之「失落的寶藏」是什麼？

在馬基維利的道路上

Sur le chemin de Machiavel

在您自己的哲學歷程中，馬基維利與他的思想佔有怎麼樣的地位呢？

如同我這個世代的其他人，我見證了兩次政治事物的回歸：對蘇聯的批判以及阿爾及利亞戰爭。對那些發現政治問題的人來說，馬基維利是一個必定要對話的對象。探索的關鍵是一個解放的新思維：不是要擺脫le politique，而是要視其為人之存在條件的一個根本面相來迎接。

馬基維利是一個**教育者**；他要人們停止以傳統的意象來看羅馬，並不是那穩定的種種建制、也不是共和的美德使得羅馬偉大，而是平民與參議院（le Sénat）間的衝突、那羅馬的自由原則讓它偉大。馬基維利因此發明了一個自由的嶄新形象，那人民的奮起，以及誕生於他們一而再、再而三對抗羅馬貴族之戰役的自由。受惠於Claude Lefort的巨作：**論馬基維利之學思成就***Le Travail de l'œuvre Machiavel*（Paris, Gallimard, 1972）以及Pocock的論著[1]，我們可以揚棄那些對於馬基維利之淺短的，將la politique窄化為

[1] 參閱John Greville Agard Pocock，*The Machiavellian Moment: Florentine Political Thought and the Atlantic Republican Tradition*, Princeton, 1975。

宰制的閱讀。這帶來兩個根本的影響：一方面在通用的語彙中，出現了一個區分，以「馬基維利式的」（machiavélique）來形容一般在政治上的不擇手段，而以「馬基維利派的」（machiavélien）[2]來界定那*bios politikos*[3]（政治的存在）被重新恢復的獨特時刻、選擇共和，以及對於歷史性的另一種思維。另一方面，緊接而來的是對政治與宰制間一個本質上的區分。一個是開展一個共同的自由經驗，另一個是奴役。

馬基維利的哪一篇著述對你影響最深、帶來最多啟發？為什麼？

Spinoza說馬基維利是熱愛自由的。所以我理所當然會偏愛**論*Tite-Live*著的第一個十年史***Discours sur la première décade de Tite-Live*。這是本不同凡響的、迷宮般的書，馬基維利在書中確立了在思索le politique時，衝突是被放在那本體論的面向上的。這個論點是認為在所有的人類城邦中，都分為兩個部分：一邊是抱持著宰制之慾望的「大人們」，一邊是抱持著不要被宰制之慾望的「人民」。這是個很根本的創新：馬基維利讚揚衝突，因為衝突賦予一個政治社群生命，同時滋養了自由的經驗。他挺身抨擊那推崇城邦裡的和諧之保守主義。分裂是自由之可能性的條件，因為唯一能夠抵禦大人們慾望的，是人民的對抗性。

馬基維利的原創性是在於，不像其他思想家認為衝突是暫時的、在一個和解的社會中註定會被克服的，他認為分裂在政治的領域裡，是內在本質的、必

② Machiavel是Machiavelli的法文譯名。而"machiavélique"與"machiavélien"都是從Machiavel衍生的形容詞。除了本文作者已經做了的區別，在文法上，*-ique*這個字根尤其常用在科學、技術方面的形容詞，*-ien*這個字根則常是用在歷史、政治或是職業、派別……等方面的形容詞。

③ 原文使用希臘文。

然的、沒有解決辦法的。這既不是說馬基維利退卻了，也不是說他有「悲觀主義」，而是他對於自由的條件之一種犀利的反省。讓我們確信法律不是一個睿智立法者的創作，而是誕生於衝突的核心。分裂是在確保法律的品質。「種種好的法律正是那些民眾抗爭的果實。」這是認為對於法律的產生，馬基維利著重的是人民對自由之慾望，法律之目的是「彰顯於對自由的捍衛」。相對於政治哲學，馬基維利的革命性姿態因此是分離法律與睿智，揚棄那懂得的人與不懂的人之區分。當然，法律的起源是複雜的，但是這毫不影響馬基維利將傳統所譴責的種種民眾抗爭置於首要之位。是以他對於在法律產生中的失序，開啟了一種新的理解。在馬基維利看來，一個自由的共和是一個熱烈的共和。共和不是要消滅而是應該激勵種種民眾抗爭。我們還可以提出另外一個特別注重**論*Tite-Live*著的第一個十年史**的理由：馬基維利在與傳統決裂的同時，開啟了一個la politique與時間關係的思索，就好像時間是政治行動最親密的素材。

在您看來，今天在什麼地方可以看到這個作者最具力道的現實性？

我會回頭以我所謂的「政治哲學之爭」來回答這個問題。兩種傾向：一邊是主張恢復舊制的，他們反對「懷疑」學派（馬克思、尼采、佛洛伊德），要重新恢復一個被拋棄的學門；另一邊是貶抑派的人們，他們的分析是：政治哲學因為已經埋葬了解放，而變成一種新的保守主義。難道我們註定就只能在這兩者中擇一嗎？馬基維利的著述不正是開啟了種種路徑，來克服這個爭議嗎？他的著述難道不是提供了可能，來開創一個「批判的政治哲學」嗎？那「批判的政治哲學」拒絕兩個陣營各自的假設前提，而能夠變換位置，同時將看似分離的事物放在一起考慮。馬基維利可以協助我們，以一個連結來取代兩者中擇一。這是具合法性的作法，因為他的著述擺脫了對兩個陣營的批評。事實上，他促使我們去探索le politique之存在，而又不掉入本質主義中。

我們可以歸功於他建立了一個權力、以及la politique與時間的種種關係之「野性的」（sauvage）現象學。藉由揚棄天使的la politique（la politique des anges），他創造了「一個沒有神、沒有天命、沒有宗教的la politique之理論」（Edgar Quinet），同時將連接la politique與自由的種種經驗間那條紅線重接起來。他以一種堅定的方式，將政治的問題或者謎題，置於人之存在條件的核心。在此同時，他分析了宰制的種種現象，清楚地理解宰制者與被宰制者之間的一個劃分之持續性，以及占少數的一群人對多數大眾的壓迫。但是這些並不足以讓他被視為一個新的哲學的創始者。要視他為創始者，比較中肯的，是來自於他對所有人類城邦那典範式的描述。他真正地締造一個批判的政治哲學，是在以下這個創見：馬基維利不滿足於只是將la politique與宰制放在一起思考，而是在一個動態的關係、那大人們與人民之間對抗的以及不變的關係之核心中，將la politique與宰制連結起來。是要他的讀者了解到，人民的自由之慾望是辯證性地與大人們那宰制的慾望相連的，而去理解政治自由永遠是在對抗這個宰制的奮鬥中誕生的。簡單地講，對馬基維利來說，政治與宰制一方面截然不同，另一方面又緊密相連；前者由於其對抗性，是誕生於對後者的抵抗與反對中的，同時當它被確立後，一旦多數大眾停止被居於少數的大人們壓迫，就顯示出一種人類世界是可能的。

au fil des ans

倡議一個批判的政治哲學？

倡議一個批判的政治哲學？

Pour une philosophie politique critique?

今日，我們可以與批判理論建立哪一種具有生命力的關係呢？比起那去質問：「批判理論的哪些部分還是活的，哪些部分已經死了？」的探討，這樣的提問是比較廣泛也必然是比較能有收穫的。以那種形式提出問題的人，好像自比外科醫生，翻看著軀體去檢視哪些部分還值得醫治。至於我們的提問，是由我們自身出發，根據我們對理性之種種興趣，著重在現今我們與解放之間的關係的。事實上，正是在於將我們的提問集中在解放的問題，而使得我們可以與批判理論建立起一個關連。

但是要如何去理解這個今日呢？我們能夠滿足於將它界定成那政治哲學的重生嗎？而如果真是這樣，在這種氛圍下與批判理論建立起的關係是什麼？首先我們得要知道到底是什麼重生了。如今我們面對的是一個政治哲學的回歸，也就是說一個學院的學門的恢復，或者，截然不同的，是一個種種政治事物（les choses politiques）的回歸呢？對於抱持前一種看法的人，即使他們考慮到或是自以為考慮到他們很靦腆地叫做所謂「種種現實狀況」的東西，也只是將它當作哲學史的一個內部活動。在那政治哲學多少顯得謎樣的消失之後，這個一度被拋棄的學門，尤其是在法學以及道德哲學被恢復的同時，也開始了一個回歸。種種政治事物的回歸則完全是另一回事。那不再是詮釋者選擇要回頭去，尋找一個一度被遺忘的論述而使它重生，而是種種政治事物自己在當下爆發出來，打破了加諸其上的遺忘，或者是終止了試圖要將之消滅的種種作為。這是兩種截然不同的狀況，而尤其需要避免的是兩者的混淆，因為我們可以相信政治哲學的回歸可能造成一個自相矛盾的結果，去扭曲種種政治事物，甚至將其掩沒。在1842年，Ludwig Feuerbach已經在**一個哲學改革之必要***Nécessité d'une réforme de la philosophie*中，要我們區分兩種類型的改革：一種是與它之前的種種哲學產生於相同歷史基礎的哲學；另一種是產生於一個人類歷史之新時代的哲學。「一個不過是那哲學需求的孩子之哲學是一回事，而一個回應人類（l'humanité）需求的哲學則完全是另一回事[1]。」因此我們得要學會，在**政治哲學之重生**的種種說法下，去區辨一個學院單純的學門似乎什麼事也沒發生過就重新上路的甦醒，以及在極權主義之後政治之需求的彰顯，兩者間的不同。我們認為，在極權主義的宰制嘗試要從人之存在條件中，永遠去除、消滅政治的面向，在那之後，政治事物的重新發現，簡單說，就是人類之需求的孩子。而如果要我們舉出一個

1 Ludwig Feuerbach, *Manifestes philosophiques*, textes choisis (1839-1845) trad. Par L. Althusser, Paris P.U.F., 1973, p. 96.

重新回歸的政治事物，我們難道不能夠答以政治問題本身的回歸，或者是答以對於自由的政治體制與專制主義之區辨的重新出現，又或是答以Spinoza重提來自La Boétie的疑問：「為什麼人們要為他們的奴役而戰，就彷彿被奴役是他們的幸福一般呢？」

如果我們認真考慮其後果，這對於政治哲學重生之意義的區分絕非無關緊要。很明顯的，如果只是一個學院學門的恢復舊制，這個重生要不是會清楚地反對批判理論，至少也會帶來一種失去興趣。老實說，這些政治的「新哲學家們」正是要去除批判理論，因為在他們眼中，批判理論有部分與**懷疑學派**（那可惡的三人組：馬克思、尼采、佛洛依德）是相關連的，因此才帶著一個對宰制的批判；而如眾所週知，那是應該被消除的，不然會使得我們對la politique的獨特性顯得盲目。相反地，如果這個重生是迎接種種政治事物的回歸，其理論的情境則顯得完全不同：要讓政治的問題不被窄化為對於既成秩序不具衝突性的一種經營管理，而且要在*hic et nunc***此時此地**[①]展開一個解放的問題之重新擬定，那麼，因為種種解放的道路要不是只能經由、也必然得會經由那對宰制的批判才能展開，所以作為宰制之批判的批判理論，就必然會與這個重生產生關連。更重要的，正是因為我們在政治與宰制之間，標記一個不可化約的差別，使得我們不能忽視那宰制之批判所凸顯的種種現象，從而必然具合法性地去探究，甚至是創造在批判理論與政治哲學

① 原著使用拉丁文。

間，一個可能是前所未有的關係。很明顯的，正是這條路徑，使我們能夠致力於一個批判的政治哲學的探求，讓我們不扭曲種種政治事物、不扭曲政治問題之重新浮現，並且能夠更明確地引領我們朝著解放的方向前進，同時能避免兩個致命的暗礁：一個是對於宰制之現象的遺忘，一個是對於政治與宰制間之迴異的盲目不見。

要去探究一個批判的政治哲學之如何可能，以及批判理論與政治哲學間可能的連結，需要經過一個複雜的途徑。

第一個步驟，得要回答一個我們不能迴避的先決問題：不論是以哪一種標準，批判理論能不能被視為是一種政治哲學，或者*a minima*最起碼的②，批判理論與政治哲學之間，是否存在著一些親密性呢？要是兩者間有著一個絕對的差異，那將使一個批判的政治哲學之建構變得極其困難，幾乎就是不可能的了。必須是在一個相對親近的基礎上，才能建立起二者間的連結，還得要在一些明顯的位移之代價下，這個連結才能被實現。我們知道批判理論的創始者之一Max Horkheimer曾經宣稱：「威權是歷史的一個根本範疇[2]」，這帶給我們一個課題，得去辨明批判理論是明確地、還是隱含地包括一個政治哲學。

但是，去描述批判理論具有一個朝向政治哲學的走向，並不足以立即確立一個批判的政治哲學之可能性與合法性。這個走向無疑是一個必要的走向，但完

② 原著使用拉丁文。

2 Max Horkheimer, «Autorité et famille» (1936) in *Théorie traditionnelle et Théorie critique*, trad. de l'allemand par C. Maillard et S. Muller, Paris, Gallimard, 1974, p.243.

全不具有一個充分條件的價值。批判理論的真知卓見之一，是它處理了概念建構的歷史性的問題。這對我們的意義是在第二個步驟，我們必須去處理問題之種種哲學的面向，以及與它們密不可分之種種歷史的面向。如果我們認為這個時代的不同以往之處，是在於走出被視為摧毀了la politique之種種極權主義的宰制，而因此讓la politique被重新發現，我們就會要面對以下的抉擇：看是要二擇一，或是要連結。

或者是在兩個典範中**二擇一**：一個是將批判理論界定為對宰制的批判，一個是將la politique視為與宰制迥異的思維。如此，我們會面臨兩個陣營：一邊是對宰制的批判毫不鬆手地持續去探究主子與奴隸之區分的種種表現；另一邊是那些專注於la politique再次如旭日東升，但全然無視同一個場面下的那些陰暗之處，也就是宰制的依然持續的人。

或者是將兩者**連結**，這連結與折衷主義（éclectisme）式的隨便是截然不同的；是要致力於一個艱難的工作：在一種衝突性的共同存在下，同時去構想對宰制的批判以及la politique的思維。並且，兩者中任何一個的存在，都不會阻礙另一個的存在。

參照本文的標題，很明顯的二擇一這個作法不為我們所取，因為它有一個討人厭的傾向，會自我封閉在兩個陣營的單線邏輯中，同時會在典範間的衝突下屈從逢迎。那就只剩下連結這個取徑值得我們一試了，因為在**批判的政治哲學**這個名目下，這個取徑至少做到與兩種太容易讓人掉進去的隨便保持距離，也就是粉飾太平論（irénisme）或是悲觀無望論（catastrophisme）。

作為政治哲學的批判理論？

這是一個難以解答的問題，因為要以令人滿意的方式來回答，還得能對政治哲學提出一個定義，或者更好的，一個概念建構，而讓我們能夠判斷這個等同合適與否。當我們去檢視現有的答案，不論是肯定的，還是否定的，這個困難就顯露出來。

George Friedman在其**法蘭克福學派的政治哲學***The Political Philosophy of the Frankfurt School*[3]一書中，對這個問題給予肯定的答案。作者沒有給一個先決的定義，但是因為批判理論開展出一個對現代性的批判，同時致力要改變這個危機，因此在法蘭克福學派的集體著述中，辨識出一種政治哲學。對於法蘭克福學派的理論家們來說，批判的基本對象是那現代的弔詭，也就是與現代性一起來臨的一種無理的理性，一種無力實現它的目標，而造成了一個非理性之稱霸的世界的理性。這個弔詭正是**理性之辯證***La Dialectique de la raison*一開頭的問題想要回答的：為什麼人類不去致力實現真正的種種人之存在條件，而是沈淪到一種新

3 George Friedman, *The Political Philosophy of the Frankfurt School*, Ithaca, Cornell University Press, 1981.

的野蠻呢？在G. Friedman看來，啟蒙的問題是批判理論獨特的政治哲學之出發點[4]；當我們認真看待在**理性之辯證**一書中「*Aufklärung*啟蒙[③]的概念」，開頭的幾句話就說：「任何時候*Aufklärung*啟蒙在其作為前進中的思想之最廣泛的意義裡，其目標都是要將人們從恐懼中掙脫，從而使他們具有自主權。但是在那完全被『照耀』的土地上，到處閃亮的卻是災禍橫行的跡象[5]。」如果啟蒙的計畫是將人類世界由迷思的束縛中釋放，問題就會變成：是經由哪一個內在的過程，理性走向其自我毀滅，也就是背道而馳地走向一個新的迷思體系裡呢？關於這個問題，Theodor W. Adorno與M. Horkheimer的基本論點，是由理性那自我毀滅之內在運動的效率來解釋[6]。是在理性的內部滋生了這個理性之具毀滅性的迷思體系，而且它與古代留存下來的那些，以及種種相互呼應的操弄都毫無關係。完全不用一種叫人放心的方法，將理性與迷思區別隔離，批判理論反而是指出二者的鄰近，更糟的，指出二者的親密性。就算在清醒狀態，理性也創造一隻隻的怪獸。相對於傳統上關於啟蒙之問題意識，宣稱理性是迷思的一個公開敵人，批判理論採取了一個正好對立的看法。在T. W. Adorno與M. Horkheimer看來，相反地，理性與迷思之間存在著一個秘密的共犯關係。至於使它背道而馳的動力，不就是產生在那從恐懼中掙脫以及主權之選擇這兩者的接合之處嗎？是在這個接合、在這個混為一談中，理性與迷思發生了那秘密的

4 同前引書。
③ 原著使用德文。
5 M. Horkheimer, Theodor W. Adorno, *La Dialectique de la raison. Fragments philosophiques*, trad. de l'allemand par E. Kaufholz, Paris, Gallimard, 1974, p. 21.
6 同前引書，p.16。

共犯關係。在批判理論的立場，並不是要因此就放棄理性；相反地，在其內容所明確顯示的，是一個拯救的企圖。

再往下看G. Friedman的分析，批判主義對於布爾喬亞的庸俗（philistinisme）的攻擊，但也同時是對於建制化的馬克思主義的攻擊，是隸屬於一種美學的大轉向的，彷彿那政治問題離開了經濟，而轉向藝術，與藝術宣稱的幸福之種種承諾。這時有一個必得提出之疑問：一個對於現代性那麼複雜、又那麼弔詭的批判，是不是就足以來建構一個政治哲學呢？的確，這本著作的結論表達了對於這個政治哲學之現實的若干懷疑。特別是在Herbert Marcuse的著作中，所賦予慾望之原則（Eros）的重要地位，所造成的結果難道不是讓人忽略城邦的種種問題嗎？一個典型現代的無度，難道不會造成對正義的問題之忽視嗎？最後，要如何去孕育一個解放的社會呢？那個社會將保持一個政治的面向，還是會位居於la politique之上，彷彿解放的意思就是從la politique中掙脫呢？即使有這些懷疑的形成，G. Friedman還是維持他所選擇的觀點，並且堅持認為在對現代理性的批判中，有著一個可能的政治哲學之種種條件。

持相反意見的是Leszek Kolakowski，在他對法蘭克福學派的嚴厲分析中，得出否定的結論。從一種自由主義的立場，並從政治哲學最典型的研究對象，賦予它一個分類學的（taxinomique）定義，而否定批判理論具有這個性質，同時將批判理論歸屬到好幾種類別：意識型態、烏托邦、或是社會批判。然而這樣將批判理論推到政治哲學之外，並沒少造成問題。

的確，依照學院用語的定義來看，批判理論不是一個政治哲學；更何況，批判理論的實踐者們本來就特意地要與Arthur Schopenhauer揚棄的，所謂的「學院哲學」保持距離。說清楚了這個情況，立即得要補充的是，在現代哲學的範疇中，批判理論的特色正是它對於政治的問題或者是解放的問題，有著一個特別尖銳的敏感性。我們可以說，那是在陰暗時代產生的哲學。讓我們回想一下一個就如L. Feuerbach所闡述的青年黑格爾主義者的命題，當我們將哲學與非－哲學（non-philosophie）對立起來，政治的問題不正是要被放在哲學之外、非－哲學的那邊嗎？而非－哲學是不時地動搖哲學之虛假的穩定模樣的。La politique作為一種實踐，不正是將實踐的首要條件，空間與時間，重新帶入建立在對於空間與時間的否定之上的哲學文本中嗎？依據H. Marcuse在**理性與革命***Raison et Révolution*中的看法，黑格爾的哲學之特點，不就是讓通往社會理論的過渡成為可能嗎？依照這個看法，H. Marcuse不是在第一部分的第六章當中，描述了黑格爾的政治哲學之出路，也描述了把黑格爾的論述當做現代性的中心之一般政治哲學的出路嗎？H. Marcuse寫道：「他的哲學的種種基本理念，是在國家的特殊歷史形式以及社會中建構完成的，而社會又變成一個新的理論興趣的中心對象。由這個方式，哲學的工作就讓位給社會理論了[7]。」因為如此而產生兩種可能：或者國家與社會依舊是體系內部的事，哲學跟隨Lorenz von Stein而變成行政管理的科學，辯證法變成社會學；或者國家以及社會的問題轉變成它們被廢除的問題，也就是革命的問題，而革命從定義上來說，就是外於體制的。這於是造成了政治哲學的一個位移，因為這個情況下，政治的問題從此已經可以說是外於自身了（hors de soi）。這個la politique外於自身的過渡、這個la politique的出走到另一個條件之中，造成了哲學語言轉換為另一種語言，尤其是造成la politique的語言轉換到解放那更為寬廣的語言之中。H. Marcuse寫道：「從黑格爾到馬克思的過渡，從各個方面來看，都是通往一個打從根底不同的真理之體系的過渡，而且這個過渡不能夠用哲學的語彙來理解。我們看到馬克思的理論中，所有的哲學概念都是些社會的與經濟的類型；至於黑格爾，他所有的那些社會的與經濟的類型，都是一些哲學的概念。即便是青年馬克思的種種著作都不是哲學的。無論這些著作還在哲學的語言裡做些什麼，它們表達的是對於哲學的否定[8]。」此外，在黑格爾的體系中，所有他使用的類型都一概是關於既存秩序的，但在馬克思，他的類型都指向對於這個秩序的否定。馬克思的類型致力的是社會的一個嶄新型態，以及一個只有在市民社會被廢除以後才可能出現的真理。H. Marcuse再寫道：「因為他所有的概念都是對於

7 Herbert Marcuse, *Reason and Revolution*, New York, Humanities Press, 1963, p.251. 或參閱法文版， trad. de R. Castel et P.–H. Gonthier, Paris, Minuit, 1968, p. 297.

8 同前引書，p. 258; 法文版, p. 304。

既成秩序之整體的指控，在這個意義上，馬克思的理論，是一種批判[9]。」除此之外還要強調，對社會的批判變成一個社會－歷史之解放的實踐，而並非是哲學創作的這個事實。

要能夠理解批判理論中政治哲學的特質，我們得要注意構成它的這兩個－哲學的與政治的－外於自身之過渡；這些外於自身的出走完全不代表著對研究對象的放棄，而是把研究對象位移到另一個條件之下，比方說，將經濟學的研究對象放到哲學與政治的目標這個條件之下，用另一種方式來探究。因此，批判理論不是對政治哲學的放棄，或者對政治哲學單純的否定，而是將政治哲學轉換到解放或者是革命的語言。這個語言轉換造成了這麼一個弔詭的情勢：批判理論與政治哲學的絕斷是為了要以更好的方式重拾與繼續它，簡單說就是以其它種種的方法、在其它種種的條件中、藉由其它種種的路徑來拯救它。換言之，批判理論被它的創始者們建構為一個以轉換（transfert）為方法的，對政治哲學的拯救行動。毫無疑問，Karl Korsch的巨著**馬克思主義與哲學***Marxisme et Philosophie*[10]中，所提出的模式是非常具有參考價值的。

在這些條件下，我們可以了解對於本文一開頭所提出的問題所做的否定的回答，是完全沒抓到問題，因為他們沒有考慮到、也不了解位移以及用轉進來拯救政治哲學的行動，所以這樣的回答顯得是多麼地不

9 同前引書。

10 Karl Korsch, Maxisme et Philosophie, trad. de l'allemand par C. Orsoni, Paris, Minuit, 1964.

可接受。

政治的問題，即便是轉換成另一種語言，也都存在於批判理論的經絡中。政治的問題在當中有著根基面向的地位。在**最低限度的道德***Minima Moralia*的前言中，T. W. Adorno就帶著憂鬱地，提出哲學與la politique間的種種聯繫，並提醒哲學的任務是「正義的生命與生活」之教育。然而，那T. W. Adorno帶給我們的「哀傷的知識」，並不是一個退卻迴避的知識；如果說他主張要「探究那生命與生活所依循的、那已經異化了的形式，也就是探究那些決定了個人最內在之存在的種種外在客觀力量[11]」，這並不表示要放棄對於正義的生命與生活的追尋，也就是古典的學者在思辨對話中，關於對最佳體制的追尋。而縱使在**最低限度的道德**一書的開頭與結尾之間，有著一個無庸置疑的落差，他對於救贖（Rédemption）的最終堅持，與這個追尋是息息相關的。

批判理論因此為我們呈現一群哲學家，在二十世紀這個時代，毫不氣餒地撰寫關於現代社會以及宰制的種種當代形式之著述。法國的學界太常試著要將批判理論化約為一種知識的理論（une théorie de la connaissance），與其如此，當我們將批判理論視為一種對現代性在各個面向之展現的批判，毫無疑問，會給我們更多的收穫；這個批判是為了要邁向解放，就像「老鼴鼠」（vieille taupe）④朝著各個方向挖掘出許多地底隧道，以便更強烈地顛覆布爾喬亞社

11 T. W. Adorno, *Minima Moralia*, Paris, Payot, 1980, p. 9.

④ 黑格爾、馬克思……等人的比喻。

會。因此，我們看到一個叫人印象深刻的論著之匯集，而這些著述都是對la politique的批判。這當中包括M. Horkheimer與其同伴所著的，**威權與家庭的研究** *Études sur l'autorité et la famille,* Paris, 1936（「威權與家庭Autorité et famille」，收錄在**傳統理論與批判理論** *Théorie traditionnelle et Théorie critique,* Paris, Gallimard, 1974），「自利主義與解放Égoïsme et émancipation」, 1936（也收錄在**傳統理論與批判理論**），「理性與自我的保存Raison et conservation de soi」, 1941,「威權的國家L'État autoritaire」, 1942（也收錄在**傳統理論與批判理論**），**理性的遮蔽** *L'Éclipse de la raison,* 1944（法文版與「理性與自我的保存」收錄在一起，於1974年由Payot出版社出版）；M. Horkheimer與T. W. Adorno合著的，**理性之辨証**，1944，他所主持的「種種偏見的研究Studies in Prejudice」，特別是他與T. W. Adorno合作的鉅著，其中T. W. Adorno的參與具有決定性的影響、關於威權人格的研究, 1950（**威權人格研究** *Étude sur la personnalité autoritaire,* Paris, Allia, 2007）；Leo Lowenthal與Norbert Guterman合著的，**矇騙的先知們** *The Prophets of Deceit,* 1949；L. Lowenthal所著關於集中營的研究（**假先知** *False Prophets,* 1987）；H. Marcuse所著的，「國家的威權概念中對抗自由主義的鬥爭La lutte contre le libéralisme dans la conception autoritaire de l'État」, 1934（收錄在**文化與社會** *Culture et Société,* Paris, Minuit, 1970），「現代科技的若干社

會後果Quelques implications sociales de la technologie moderne」，1941年以英文發表，「國家社會主義下的國家與個人State and Individual under National Socialism」, 1942，更別說他那些最著名的著作了；T. W. Adorno關於法西斯的政治宣傳、星象學的信仰的論文，**地上的星星***Des étoiles à terre,* 1952-1953 (Paris, Exils, 2000)，以及對工業社會的批判。而在法蘭克福學派裡**較不知名**的學者這邊，William E. Scheuerman最近的研究顯示出，在Franz Neumann – 關於納粹的經典研究**巨獸***Béhémoth*⑤, 1942（Paris, Payot, 1979）的作者 – 以及Otto Kirchheimer的著述裡，關於現代社會裡法律的命運，以及特別是反對納粹法學家Carl Schmitt的觀點的[12]，關於一個民主之批判理論的種種條件的研究，都存在著具原創性的反省。最後，還得要提到Friedrich Pollock 對於**自動性***l'Automation*（Paris, Minuit, 1957），以及對於「國家資本主義Le Capitalisme sd'État」的研究。

這個批判理論對la politique 之批判所以能夠進行，完全有賴於他們對馬克思保持著一個理論的距離。在1843年，也就是依照傳統的詮釋，馬克思由對la politique的批判，轉變為對政治經濟學的批判的時候，在一封寫給Ruge的信中說：「宰制與剝削是一體而相同的概念。」這帶來，*brevitatis causa***簡單地說**，視經濟為決定性的層次而認為la politique是來自於經濟的這種傾向。然而批判理論，尤其是其創始者，反對

⑤ Béhémoth語出希伯來文，見於聖經，原指大象或河馬那一種類型的巨獸。Franz Neumann借用Hobbes筆下的Béhémoth來描繪納粹的體制。

12 William E. Scheuerman, *Between the Norm and the Exception, the Frankfurt School and the Rule of Law*, The MIT Rress, 1994, et edited by W. E. Scheuerman, *The Rule of Law Under Siege*, University of California Press,1996.

這個等同；在他們眼中，這個等同帶來了宰制與剝削間的混淆。他們也反對將le politique窄化到經濟之中，因為那必然會造成la politique的批判被併入政治經濟學的批判之中。在1930年他關於歷史的布爾喬亞哲學之論文中，M. Horkheimer就認為，所有人類社會的歷史，都是建構在宰制者的群體與被宰制者的群體之劃分當中，同時也藉由這個劃分來建構的；宰制讓被異化的工作可以被佔為己有。絕非偶然的，是在關於馬基維利的那個章節裡，M. Horkheimer宣稱：「但是嚴格來說，這個社會（布爾喬亞的社會）並不只是建立在對自然的宰制之上，或是在新的生產方法、機器的製造，達到一定的衛生程度之上；它同時也是建立在人們被另外一些人們宰制之上[13]」。而且是在這篇論文中，M. Horkheimer以宰制的特性，清楚而無保留地界定了la politique；他寫道：「所有驅使這個宰制的方法，以及用以維護這個宰制的種種措施，集合起來，就叫做la politique[14]。」

然而，是在T. W. Adorno與**否定的辨証***Dialectique négative*那裡，我們應該專注去尋找區辨宰制之不同於剝削，那最為深入的嘗試；而這個嘗試是藉由將宰制連結到一個與經濟毫無關係的起源上去進行的。以「對抗的偶然性」（Contingence de l'antagonisme）為題，T. W. Adorno去探討：對抗，「自然的歷史之延續的片段」，是否可能有一天會是從物種求生之種種需求而自然發生，或者是以一種偶然的方式，因為

13 M. Horkheimer, *Les Débuts de la philosophie bourgeoise de l'histoire,* trad. de l'allemand par. D. Authier, Paris, Payot, 1980, p.16.

14 前引書，p. 30.

「目的是要取得權力的一些專橫的、原始的行為」而出現。這也就提出一個締造人類歷史之偶然的災難的可能性，同時遠離了那黃金時代的*topos*傳統主題。T. W. Adorno致力要推翻「歷史中的理性」（Raison dans l'histoire），不論是以黑格爾或是馬克思與恩格斯的語彙來思考，這個「歷史中的理性」，都是指歷史的必然性。但不是因此就以對抗的偶然性之名，主張一個新的物化（réification）：預言著宰制「只要那些有組織的社會還繼續存在，不管是哪種形式的社會，就有一個無限的未來」，而認定所有的計畫都會被一個歷史的介入所損害。T. W. Adorno的推論既是批判又是複雜的：單單是去區辨宰制與剝削的不同，反駁哪一個在哪一個之上，是不夠的；他還得要考慮一個不是經濟之果實，而且對經濟的領域來說是陌生的宰制之可能性。在這點上，他對馬克思有所批評，T. W. Adorno寫道：「只有對那完完全全出自經濟的宰制，經濟才具有優位性。」也就是說，對抗的偶然性指出了一種因為一個不確定而偶然的、並且會一直保持如此的災難而產生之宰制的存在。這絕非表示要以一種人類學或是心理學的必然性，來代替經濟的必然性。在T. W. Adorno看來，馬克思與恩格斯的思想裡，真的有一個對歷史的神格化；而在其無神論裡，這個經濟的至上帶來的效果是保衛，提供*praxis*行動的種種保障。的確，如果經濟對於宰制具有優位性，而且，再加上宰制被認為源自於經濟這根本的補充條件，那經濟的轉變自然會帶來宰制的消失。T. W. Adorno寫道：「經濟的至上，很必然的，應該要歷史性地創造那屬於經濟之本質的幸福結局；經濟的過程會創造並且反轉宰制的種種政治關係，一直到由於經濟之種種必然性，而產生的必要之解放發生為止。」相反的，宰制的至上以及一個不確定的宰制之假設，則可以讓人想像，經濟的轉變可能對宰制的統御毫無影響。當宰制的統御在經濟的轉變之外還持續存在，這不就成了革命之失敗的一個可能解釋嗎？這個失敗對馬克思與恩格斯來說，不完全是陌生的；我們看到因為擔心被摘掉無政府主義者的稱謂，馬克思與恩格斯將宰制之終結的問題存而不論。T. W. Adorno寫道：「馬克思與他（恩格斯）所期待而呼喚的革命，是在社會之整體裡的所有經濟關係的革命，它發生在社會之自我保存的基本層次上，而並非是宰制之種種遊戲規則，以及宰制之政治形式的轉變[15]。」這對於從源頭而來的一個非理性的災難之假設，以及那面對現今的災難帶來的暈眩，這二者證明了：那所謂包含著一個可計算、因此是可掌握的經濟必然性之一個歷史的整體性，是一個錯的概念。自此，必須思考一個有關外於經濟之宰制的新理論，而且它不能變成是對於la politique的崇拜，也不應將宰制視為是永恆的，或是與人類歷史共生共存的。相反地，是在對於整體性那不可避免的特質提出質疑，而啟發了、又不斷地重新塑造那改變世界的企圖。T. W. Adorno寫道：「今天，那所有其它

15 所有關於T. W. Adorno所做的批判之引文都出自*Dialectique négative*, trad. de l'allemand par le groupe de traduction du Collège de philosophie, Paris, Payot, 1978, p. 251-252.

（l'Autre）被扼殺的可能性，都集中到要不計代價地去避免那災難的可能性之上了。[16]」

這個對於宰制之問題的關注，使得M. Horkheimer提出一種關於威權的理論：將威權看做是一種被接受的、或甚至被內化了的宰制。M. Horkheimer探討了社會的種種大型組織，以及它們的發展律動，而認為這個過程的走向與節奏，在最終的層次，是由社會之經濟體制的種種內在規則所決定的。然而，就像他1931年在社會研究院（l'Institut de recherche sociale）的創院課程中已經作過的，M. Horkheimer強調一個特定之時代的人們行為「不能單單以前一個時代的種種經濟事實來解釋」。從他學術歷程中的這個階段開始，M. Horkheimer特別注重人們之特質的重要性，注重人們的種種精神心理的組成，並且要從它們和特定社會那些相對穩定的種種建制之間的關係來考慮。經濟因此不能以「一種機械式的、獨立的」方式產生作用，而只能是眾多因素當中的一個。簡單地說，他提出了一個多重決定因素的理論。M. Horkheimer寫道：「是以文化的全體，被包含到歷史的律動之中了[17]。」但他卻不因此藉由文化，而是刻意選擇要藉由國家的權力，來認識人們的種種精神心理的組成。他寫道：「就算是在種種經濟之可能性的範圍裡，那具有決定性的，還是治理的藝術、國家之權力的組織，以及最後，是心理的暴力」（p.228）。另一個與經濟保持的距離，是M. Horkheimer對於政治的劃分之強調：不是

16 前引書，p. 252.

17 M. Horkheimer, *Théorie traditionnelle et Théorie critique*, *op. cit.*, p. 227. 所有關於威權之引文都出自«Autorité et famille» (1936) 一文，在這本合輯的p. 219 至 p. 307.

剝削者與被剝削者之間的劃分，而是下命令的人們與聽命令做事的人們之間的劃分。「社會生活的過程，只能藉由領導的人們與執行的人們間的劃分來達成，每一個時代都有他獨特的劃分」（p.228）。那麼從何處去了解一個特定的社會組織呢？從一個精神的基礎（ciment spirituel），也就是一個文化的動態概念結構，還是從那「行政權力極端具體的形式」呢？後面這個一再被重申、被指出的假設，是否是建立在一個實在論（réalisme）之上呢？一個階級社會成員們的精神心理機制，難道不是那精神心理的暴力之內化、或至少是理性化以及補充嗎？探究到了這個地方，M. Horkheimer回顧了尼采在**道德譜系學***La Généalogie de la morale*中提出的陰暗論點；在尼采看來，一個被恐懼所籠罩之歷史的起源，就來自原本是「遺忘之化身oubli incarné」的人，轉變成一種具有記憶、承諾能力的動物，也就是轉變成一種可預測的、社會的動物，而開始的。M. Horkheimer引用了尼采書中著名的《第二論文》的§3：一個隱藏但絕對真實的關連；因為這個關聯一直持續將我們所謂的「良知」、善惡規範的道德性、甚至是社會性，與那原始的、源頭的恐懼連在一起。「……我們甚至可以說，只要世上有一個人、或是一群人的生命中，還有著儀式、沈重、秘密，這些陰暗的顏色，某種令人恐懼的東西就會繼續存在；這個某種令人恐懼的東西，在以往的世界裡，總是伴隨著承諾、保證、立誓等行為。……當人覺得需要而去建立一個記憶，其過程總有著折磨、殉道以及犧牲[18]。」在法蘭克福學派思想啟發者之一尼采的這段話裡，M. Horkheimer毫無保留地歸結出暴力在文明之歷史中的地位：「如果我們要解釋直到今日的整個歷史中的社會生活，無疑的，對於那不僅是決定了國家之各種形式的起源，也決定了其發展的暴力，這個暴力的地位，我們給它再大的重要性也不為過」（p.230）。暴力的意義，還包括加諸屈服於暴力下的人們之種種刑罰、刑罰的威脅，以及飢餓的壓力。但此時在M. Horkheimer眼中一個從未顯得那麼強烈的問題持續存在：「為什麼被宰制的階級忍受了他們身上的枷鎖那麼地久」（p.231）。要回答這個問題，必然要包含對暴力的探究，然而，M. Horkheimer並不認為所有問題都在執行權力的具體行動上。在他借用尼采的觀點，強調了文化那種種陰暗的背景之後，他認為歷史也應該考慮那被視為是社會之律動的一個獨特因素的文化整體的重要性。「無論如何，我們不能將種種過時的社會形式之持續存在，都只是歸咎於單純的暴力，或者是歸咎於為了達到種種特定利益，而散佈在人群之中的謊言」（p.240）。暴力因此不足以用來解釋宰制的人們與被宰制的人們間的劃分，更不足以解釋對這個劃分的接受，也就是對宰制的接受。要了解這個造成接受的內化過程，就必須要探討文化的整體、精神的基礎，或者是在文化、種種堅固的制度，以及精神心理機制或是內在機制之間，那複雜的

18 Friedrich Nietzsche, *La Généalogie de la morale*, Paris, Gallimard, 1971, p. 254.

運作。既不單單是經濟，也不僅是暴力，而是一個多種因素的後果；這多種因素在這個動態的整體裡頭突出的，是文化這另一個動態元素，以及從最初批判理論就非常重視之精神心理的機制。「這個暴力以及這個謊言的展現，還有它們存在的模式，就是人們種種精神心理之組成的功能與結果……」（p.240）。在M. Horkheimer關於威權的重要研究中，我們特別重視以下三個要點：

——彰顯了被宰制的人們的接受：「並不是單靠立即的暴力就能讓秩序被維持，而是人們自己學會去附和它」（p.243）。

——再清楚不過地確認，宰制的現象在歷史中無所不在地出現，而且在M. Horkheimer看來，宰制的現象構成了社會的生命程序的框架。「大多數的人一直在一個少數群體的指揮與命令下勞動，而這個依賴的狀態總是帶來種種存在之條件的惡化」（p.243）。至於種種人們的樣態，儘管是多樣的，總是有一個共同點：「他們都是被宰制的，只是依著他們那個時代的社會特有的宰制關係，而展現個別的基本特徵」（p.243）。

——不同於Norbert Elias與他關於文明的動態之理論的消極自滿（quiétisme），M. Horkheimer強調宰制與文化間關係的錯綜複雜；那麼地錯綜複雜，到最後，威權可以被定義為一種被接受的依賴狀態，或者是一種被內化了的依賴狀態。在這裡我們可以察覺這個對於威權的第一個反省，以及他日後關於威權人格之研究間的關聯。M. Horkheimer寫道：「就在那些被宰制的個人的精神心理現象中，強化人對人的宰制的需求、那直到現在還決定了歷史之結構的需求，這是不同時代裡的所有文化機制的功能之一。這樣子的一個對威權的信仰，同時既是這個機制的結果，又是它能不斷更新的條件；對威權的信仰在歷史中有時是構成了一個發動機，有時是構成一個煞車」（p.243）。

對於我們在一開頭所提出的問題，那否定的答案，因為它過分斷章取義，是不可接受的。因為不了解批判理論以轉進來拯救政治哲學，這否定的答案以為它眼前的，是一個與政治哲學及其研究對象毫無關係的論述；然而，在批判理論裡，有那麼多的元素，誠然是經過轉變地，與政治哲學的種種主要研究方向，比如說對自由以及在理性的種種需求與條件之下，建立一個社會的構想之研究，是息息相關的。

但是那肯定批判理論是一種政治哲學的答案，並不顯得更站得住腳。因為為了要凸顯批判理論中的政治面向，以及其所包含的對la politique的批判，這肯定的答案低估而也同時掩蓋了批判理論對政治哲學所做的種種位移與轉變。現在我們先不去探討政治哲學的本質，單單針對這個哲學之一個或種種構成核心，提出一個最起碼的定義。至少有兩個必要的條件：

——確立le politique之組成特質，也就是說，種種政治事物有一個獨特性，使得它們與－很容易一起搞混的－社會的、或是歷史－社會的種種其它現象，顯得是不可化約而異質的。

——堅持自由的政治建制與專制之間，或是以較為當代的詞彙說，政治與極權主義的宰制之間，是有所區別的。

儘管前文我們已經提出在批判理論中，那些屬於對la politique之批判的種種元素，我們因此就能夠宣告眼前的，就是一種政治哲學嗎？我們可以合理地懷疑。M. Horkheimer自己就表現出對於政治哲學之理念的種種保留，而很明顯地試圖與這個體系之計畫保持很多差異。事實上，在一篇1938年發表，題為「極度集中化的哲學La philosophie de la concentration absolue[19]」之文章中，M. Horkheimer對同時代的Siegfried Marck以德文在蘇黎士出版的著作，**作為政治哲學之新人道主義***Le Nouvel Humanisme en tant que philosophie politique*，作了一個毫不留情的批評，M. Horkheimer三度指出他對一個自詡為政治的哲學之種種保留。首先是一個懷疑：如果我們依據1919年之後的社會主義者的態度來評斷，政治哲學難道不是用來遮掩自由的不存在或者是政治*praxis***行動**之屢屢失敗的一個名目？再來是一個提問：當我們了解政治哲學的命運，是與當時正陷入衰頹的那些民主的命運緊緊相連的，那政治哲學的理念還剩下些什麼？最後是一個呼籲。相對於S. Marck主張的種種立場，M. Horkheimer強調，長久以來政治哲學已然經歷了

19 M. Horkheimer, *Théorie critique*, trad. de l'allemand par le groupe de traduction du Collège de philosophie, Paris, Payot, 1978.

一個根本的轉變，並且指出無視於這個轉變地談論政治哲學，正是退行到轉變發生之前的狀態的癥狀。M. Horkheimer寫道：「……我們依然認為那自詡為政治的哲學，長久以來已經變成是政治經濟學的批判[20]。」那「長久以來」指的是這個政治哲學的蛻變，似乎得要歸咎於馬克思的批判；馬克思在1840年代，進行了一種哲學的出走，以將研究對象先是轉換到la politique的批判，後來又再轉換到政治經濟學的批判。在M. Horkheimer看來，這個蛻變將政治哲學置於一個兩者擇一的處境：或者，政治哲學附和這個轉變，並且專注其批判力量在揭開歷史情境的真面目；或者，政治哲學堅持它的本色，無視於現實，因而變成一種裝飾性的論述。「那麼，它就落到道學家的繼承者們手中了[21]。」

因此，我們能夠認為批判理論遠非自命為一個政治哲學，反而是與它保持差異；而在M. Horkheimer看來，正是有賴於這個差異，使批判理論能夠對於其批判使命保持忠實。我們至少可以指出批判理論與政治哲學的理念間，兩個刻意保持的差異。

首先，單單是提出一個不管多麼複雜的對於宰制之批判，或者去考慮一個不必然出於經濟之宰制的存在，都不足以創造一個政治哲學。因為，除非把政治領域打從根本地視為無稽，比如像Moses Hess在「行動的哲學La philosophie de l'action[22]」一文中，就將la politique等同於宰制；否則la politique是不應該被窄

20 前引書，p. 324.
21 同前引書。
22 Moses Hess, «La philosophie de l'action», *Économies et sociétés*, n°10, 1973.

化為一個宰制的關係，或是被窄化定義為少數宰制者與多數被宰制者之間的劃分結構的存在。Spinoza在其**神學－政治學論***Traité théologico-politique*中，肯定地指出：是在宰制之外建立或是應該要建立那必須致力於自由的組織的國家。「我們前文所說明的，國家的那些基礎，其必然導出的結果，是國家之最終目的並非是宰制。國家被建構的理由，不是要以恐懼來約束人，而且使他服從於另一個人；相反地，是為了將個人從恐懼中解放，使得他能盡可能生活於安樂，也就是，在不對他人造成損害下，極盡可能地保有他生存與行動的自然權力。讓我再次強調，不，國家的目的不是要將具有理性的存在之條件的人們，變成粗魯的野獸，或是自動木偶；正相反地，國家是被建構來讓他們的靈魂與身體能夠安然達成其所有功能，讓他們自己可以使用一個自由的理性（une Raison libre），所以能不因仇恨、憤怒或是陰謀而爭戰，也讓他們彼此之間不懷惡意地相互容忍。因此，國家之目的，其實就是自由[23]。」的確，批判理論並不自限於一個對宰制之批判，或更明確地講，它所進行的對宰制之批判，與一個解放的企圖是密不可分的。H. Marcuse在1937年發表的一篇重要論文，「哲學與批判理論La philosophie et la théorie critique」中，這樣子強調隱含著批判理論之種種論點的獨特性之宰制－解放，這組概念的重要性：「如果說批判理論在現今這叫人喪氣的時候，重申居於它所謂的現實的組織之中心的，正是人們的

23 Baruch Spinoza, *Traité théologico-politique*, chap. XX, Paris, Garnier-Flammarion, p.329.

幸福與自由，它隨之要引申帶入的，並非是其種種經濟的概念。它所帶入的，是一些創造性的概念，不僅包括既存的現實，還包括這既存現實的去除，以及被一個新的現實所取代。在種種社會關係的理論重建之中，那些關係到未來的種種要素，也是對於當今情勢的批判，以及對於其種種趨勢的分析之不可或缺的成分[24]。」因此，無疑的，由宰制而朝向解放的出路，在理性的社會的名目下，會包含自由以及幸福的種種理念。但無論如何，批判理論因為對於什麼是自由之統御，有著一個奇怪的沉默，而顯得不足。這個空缺的隱含意義是：「不言而喻（Cela va sans dire）」。這個沉默的起源，不僅是因為對象的混淆，更是由於一個嚴重的錯誤，就是在宰制－解放這組概念中，選擇將la politique送回，放到宰制的那一邊，同時也就將la politique 當做讓這個宰制得以建構與維持的所有手段之總和，而完全不將la politique放在解放與自由的那一邊。就彷彿解放的意義，並不是開創一個自由的政治社群，而是從la politique掙脫，如此就算超越了建立在宰制之上的社會之組織了。

然而，在的確不可否認的宰制之外，la politique可以開展那多元的形式，所特有的一個聯繫以及一個空間之可能性；因為就如同Nicole Loraux關於希臘城邦的研究所展示的，這個聯繫可以用一種劃分的聯繫來建構，而絕非偏重於統一（l'unité）。政治的聯繫，不論是聚合之形式的聯繫或是劃分之形式的聯繫，是

24 H. Marcuse, «La philosophie et la théorie critique», *Culture et Société*, Paris, Minuit, 1970, p. 160.

去建構一個共同之存在（l'être-ensemble），一個人類共存之獨特模式，或是在自由的意象之下，一個共同的起而行。即便是Jacques Rancière，我們都知道他排拒所有政治哲學的計畫，也以不同的稱謂來批判，區分兩種人類共同之存在的模式或是邏輯；他所區分的la politique與la police⑥，重現政治與宰制間的不同。他寫道：「不管是不是戲劇性的，政治的活動永遠是一種與宰制的秩序（ordre policier）從原則上就是異質的假設前提的付諸行動，而使得宰制的秩序那種種細緻的安排為之崩解的一個抗爭模式；那個假設前提，就是一無所有的人們也要有一份（une part des sans-parts）[25]……」⑦既然他要讀者一併去思考la politique之異質性，以及la politique跟宰制或是la police之間的關係，我們可以認為他走的是一個批判的政治哲學的方向。J. Rancière寫道：「我們更不該忘記，如果la politique實現的，是一個與la police的邏輯全然異質的邏輯，la politique與la police依然總是相糾纏的[26]。」但是他的確堅決地與所有政治哲學的理念保持距離；他並不畏懼，以一種看似矛盾的方式寫下：la politique並沒有那些專屬於它的對象與問題。是當有Claude Lefort所謂的社會之政治建制，或是在同心協力的行動中，所創建之政治的聯繫的時候，宰制才可能會退卻，甚至消失；la politique的目的，因此是在治理者們與被治理者們之間的劃分之外、在命令與服從的關係之外，建立起一種聯繫。如果

⑥ Jacques Rancière所謂的「police」，不只具有壓迫、社會控制的意涵，同時是那組織人們聚合在社群之中的活動；這活動以其可以去被佔據的功能、地位與種種頭銜，來規範社會。請參見*La Mésentente. Politique et Philosophie*。

25 前引書，p.53以及p.49–50.

⑦ J. Rancière這句話後面接的是：「……這一無所有的人們也要有一份；到最後的層次，自己表現出來的，是秩序那純粹的非必然性、是任何一個說話的人與任何另一個說話的人之間的平等。」參見J. Rancière, *La Mésentente. Politique et Philosophie*, Paris, Galilée, 1995, p.53.

26 前引書，p. 55.

我們依循Hannah Arendt在**人的存在條件***The humain condition*中的種種分析，la politique是從在希臘的*polis***城邦**⑧中、但同時也在現代的那些重要革命中，曾有過的自由之經驗來思考的；並且是對抗過往在需求的支配下，活在*oikos***世家**⑨裡面的這宰制之經驗來思考的。在這些條件下，將la politique與宰制混為一談，造成了現實中有區別的種種體系間的混淆，也造成共同之存在的種種相對抗之邏輯間的混淆，並且切斷了la politique與其生命來源，也就是自由，兩者間相連的臍帶。事實上，我們可以說，自由是la politique專有的問題，是它最重要的元素。依據H. Arendt在「自由是什麼？Qu'est-ce que la liberté?」一文中的研究，這正是la politique的獨特性。「那自由當然不是被當作一個麻煩，而總是被視為日常生活中的一個事實的領域，也就是政治的領域……不去處理一個關係到人的自由的問題，我們就不可能去探討任何政治問題……自由其實是使得人們在一個政治的組織，能生活在一起的條件，但只有在很難得的時候、在危機或是革命的時期，才成為政治行動的直接目標。沒有自由，那樣的政治之生活就喪失意義。La politique存在之理由就是自由，而其經驗的場域就是行動[27]。」

因此，由這個與政治哲學所保持的第一個差異，我們可以堆論：批判理論，不管是不是其全體，面對宰制之批判在他們所屬時代的急迫性與必要性，因為

⑧ 原著使用希臘文。

⑨ 原著使用希臘文。*Oikia*：涵蓋家族與奴僕的氏家。*Oikos*是*Oikia*的複數。

27 Hannah Arendt, «Qu'est-ce que la liberté?», *La Crise de la culture*, Paris, Gallimard, 1972, p. 189-190. Également, *Qu'est-ce que la politique?*, Paris, Seuil, 1995, p. 59-61.

錯將la politique放在宰制與其工具的那邊，而看不到政治的共同存在（l'être-ensemble politique）之獨特性與不可化約性。將宰制之批判放在最重要的地位，以便避免像他們同時代的政治哲學的種種衰落，造成了批判理論對於種種政治事物之組成特質以及尊嚴、甚至是對他們而言也明顯地居於根本地位的自由之反省，都留下空白。

第二個差異。批判理論那反極權主義的種種取向是毫無疑問的；並且不只是在M. Horkheimer於1942發表的論文「威權的國家」、也在Franz Neumann關於納粹主義的經典研究**巨獸***Béhémoth*中展現，更別說T. W. Adorno那許多的論文了。這些取向由於與那些在法國常被忽略的、德國的左派K. Korsch、Otto Rühle……等人合著的**官僚體制的反革命***La Contre-révolution bureaucratique*（Paris, UGE, 1973）一書立論非常相近，而更值得我們重視。威權的國家或是極權主義之宰制的問題，是M. Horkheimer與K. Korsch書信往來間討論的內容[28]。在這重意義下，似乎在批判理論與政治哲學的若干取向之間，存在著一個相近性，其特殊之處是在緊密扣連對宰制之批判與種種政治事物的重新發現。當我們認真地看待，與其說這些批判主張一個民主與極權主義間的對抗，它們其實更是建立在la politique與全面宰制的對抗之上的。在好些篇著作中，這些批判都指出，那極權主義絕非是la politique之恐怖的過度膨脹，反而致力要摧毀la politique、甚至企

28 關於這一點請參閱 William David Jones, *The Lost Debate. German Socialist Intellectuals and Totalitarianism* (University of Illinois Press, 1999)，作者在這本論點精闢的著作指出，極權主義的問題絕非僅限於冷戰的對抗。

圖將人們的政治條件消滅。縱使在H. Arendt與C. Lefort的著作間，存在著諸多的不同，他們對極權主義的詮釋都讓我們清楚了解，在走出極權主義的考驗的時候，必須將那被摧毀的、或是失去其本來面目的，重新恢復；也就是恢復政治的領域、種種人類事務的領域。

「威權的國家」一文的讀者，很難不為其中論點與前述詮釋之相近而訝異。M. Horkheimer將納粹主義與「全面的國家主義」（étatisme intégral）、也就是蘇聯相比，看到的是一種新的宰制形式，那開放而立即的宰制之兩種面貌。關於全面的國家主義，該文用來與之對抗的，是那些要建立真正的自由之嘗試，一個能夠「防杜種種行政的立場變成種種權力的立場之轉變[29]」、沒有階級之民主的種種形式。在這篇論文裡，有多處都顯現出對以革命對抗威權的國家之呼籲，以使得有一天，人們可以由自己、並且團結地處理他們的事務。M. Horkheimer並不將革命的希望放在一個政黨或是一個前衛的團體身上，而是在一群獨立的個人（des individus isolés）身上；他強調，回顧歷史，背叛人類的並不是革命眾人那種種不當的企圖，而是那些現實主義者們機會主義式的智慧。M. Horkheimer強烈抨擊那將國家資本主義視為時代之機會的論述，批評這種思想形式「只看到進步與衰退展現的面向」，而忽略「人們的參與[30]」。作為結論，他指出：「只要普遍的歷史依著其邏輯的道路往下走，它就不會

29 M. Horkheimer, «L'État autoritaire», *Théorie, critique, op. cit.*, 1978, p. 347.

30 前引書，p. 352.

達成其人間的目標（la destination humaine）[31]。」然而，在這個相近性之外，批判理論具有一個獨特性，使得它與這個致力於全面宰制之批判的政治哲學知識圈有所差異。M. Horkheimer在多篇著述中，屢次斷言那威權的國家與自由主義間的連續性；就好像那國家的新型態，在摧毀了自由主義之後，竟然仍舊是其繼承者。就此，M. Horkheimer在「極度集中化的哲學」一文中，認為：「威權的國家顯示歐洲社會中，位居自由主義的那個版塊的特點。它帶來一種壓迫下的入侵。去操控那些不擁有種種生產工具的大眾，以及將人民投入世界市場的爭戰的計畫，是出自於自由主義的[32]。」相反於這個連續性的論點，不論是在H. Arendt或是C. Lefort的分析中，所提出的都是一個根本的不連續性之論點。對於**極權主義之源起***Origines du totalitarisme*的作者來說，全面宰制是我們這個世紀的創新，它構成了我們這個世紀的心臟，更重要的，它真正是前所未有的。就此來看，絕不能將它與在歷史中出現過的，其它諸如專制或是獨裁等威權宰制之種種型態混為一談。並且為了要符合這個前所未有，使得持不連續性之論點的思想家們，展現出一個去分析的決心，並輔以一個要大家去想像的呼籲；這跟要在已知範圍中尋找威權的國家之替代辦法的理論家，是截然不同的。但是在M. Horkheimer的「威權的國家」這篇論文裡，還是有那麼一個振聾發聵的論點，就是作者試著去理解一個同時涵蓋史達林政權以

31 同前引書。

32 前引書，p. 322. 以及 p. 298及 p. 323.

及希特勒政權之宰制的形式，而同時呼籲對它們發動一個前所未見的抗爭，那一群獨立的個人的抗爭。還有一點值得注意，在這篇論文中，關於歷史之種種形上學論述，也就是黑格爾的還有馬克思的思想，都不被接受。對於黑格爾有關世界的精神（l'Esprit du monde）之發展，會依據一個邏輯的必然性，以一個個有次序的階段展現之描述，M. Horkheimer是加以批評的。而在他看來，馬克思也不該在這點上遵循黑格爾的觀點。他寫道：「歷史，被（馬克思）呈現為一個不可違背的發展：在輪到它之前，沒有任何新事物可以被起始。然而，與這兩個思想家的命定主義（le fatalisme）有關係的……都只是過往。他們形上學的錯誤：相信歷史遵循一個不可動搖的律則，是被那相信所有事物都會在其時代完成與結束之歷史的錯誤所誤導。而當下以及未來，則又再次立身於律則之外[33]。」

雖然馬克思關於歷史的形上學為M. Horkheimer所不取，但作為一種分析工具的馬克思主義卻是他所保留的。威權的國家是由經濟、或是在文化的動態中所包含的社會－經濟結構之全體，所演繹出來的。經濟領域是新宰制形式之可理解性的載體，因為是一個政治經濟學的邏輯，由市場轉變為國家資本主義的計畫之過渡，正可以讓人理解威權的國家如何發生。在這點上，我們前面談到的對於極權主義之兩種詮釋，與批判理論有所不同。H. Arendt與C. Lefort的看法一致，如果我們要了解全面宰制之發生以及建構，就得

33 前引書，p. 340.

要從一個la politique之邏輯來入手。他們這樣的主張，也就是強調要重建政治領域地位與效率之歷史的政治智性（l'intelligence politique de l'histoire）之重要。關於這點，我們還得要去細分，因為如果我們考慮批判理論的全部論述，可以觀察到關於極權主義的發生，有兩種不具排他性的邏輯被提出來，一個是社會－經濟結構，國家資本主義的邏輯，另一個是現代理性的邏輯。事實上，是在理性自身的運動，其主體化（subjectivation）以及隨之而來的工具化之中，或是在理性與迷思的共犯關係裡，理性背道而馳地變成一個新的迷思體系。這其中，存在著宰制之新型態的一個可能起源。

因為重視全面宰制之前所未見，政治哲學致力於對這種制度的新型態－它在一定的意義來說是一種無－制度（un non-régime）－提供一個具原創性的詮釋；我們可以說，在兩個作者個別的著述裡，這個詮釋主要都是來自現象學的啟發；H. Arendt強調帶動極權主義的運動，C. Lefort強調那在極權主義的社會之中、在大一統名號（le nom d'Un）之媚惑的驅使下，會掀起一連串叫人暈眩的視為等同[10]的那身體的形象（l'image du corps）[11]。在批判理論、至少在M. Horkheimer與H. Marcuse的論著中，從沒有過這類觀點。從一個經濟－社會的邏輯、那國家資本主義的邏輯入手，來探討威權的國家，縱使一度在回顧到世界之官僚體制化的假設時，讓他的研究具有一個

⑩ 比如：總書記等於黨，黨等於人民，所以總書記等於人民……的這種視為等同。

⑪ 身體的形象是指現代的奴役，是極權主義的社會將自己依著首領的形象去塑造，因此全然排拒在其內部的劃分－大一統的人民－而標示出一個無劃分的內部及邪惡有害的外部。

la politique之批判的特性，M. Horkheimer還是大致只做到對現象的經驗描述。相反的，F. Neumann在他研究納粹主義的著作，巨獸*Béhémoth*（1942）這本非常受到T. W. Adorno與H. Marcuse讚賞的書中，非常值得重視地提出一個具原創性的論點，認為威權的國家其實是一個無－國家（un non-État），而在這個意義下，形成了與從柏拉圖到黑格爾的歐洲傳統的一個斷裂。一個無－國家，因為巨獸*Béhémoth*創造了一個無－權利（non-droit）、無－法律性（non-juridicité）的制度或情境；一個無－國家，因為所有等級之種種官僚體制的擴張，使得巨獸*Béhémoth*為缺乏一個統一的國家機器所苦；最後，一個無－國家，因為縱使表象上有秩序，事實上真正具統治能力的，只有領袖獨具媚惑力的權力。我們可以相信F. Neumann的分析對於H. Arendt是有影響的。H. Arendt與F. Neumann所見略同地指出，在極權主義的制度裡，是一個洋蔥皮的結構[12]。我們豈能不察覺那無－國家之論點，與H. Arendt指出全面宰制等於是la politique之摧毀的分析，這兩者間的關連呢？

因此是雙重的差異；與選擇在極權主義的考驗下，重新思考la politique的政治哲學之知識圈，所保持的雙重的差異。批判理論不管時代已經改變，為了要忠於他們所理解意義下之政治經濟學的批判，沒有能夠真正察覺到在歷史中的新事物，沒有建立出一個la politique的邏輯，即使它絲毫不減激進性地，對

⑫ H. Arendt的比喻是，就像洋蔥，將它的皮一層層剝開，剝到最後，裡頭什麼也沒有。

於這個新的制度抱持對抗立場；即使它絕對是反極權主義的，甚至還去探討那些可以打倒這種宰制形式的種種政治形式，也就是它所主張的眾議的民主（la démocratie des conseils）。

經過這一番討論，我們可以對本文一開始的問題作一個轉變。現在，好的問題已經不是批判理論是不是一個政治哲學，而應該是一個較為動態、較為開放、較為靈活的問題，以這樣提問：批判理論是否具有去促成那朝向解放的、一個批判的政治哲學之建立的本質呢？一個必要的轉變將是，在宰制－解放這組概念中，不是將la politique放在宰制那一邊，而是放在解放那一邊。

兩個典範的連結還是
一個批判的政治哲學的建構

經由前面的論證，我們可以歸納出一個雙重的否定立場，非常符合法蘭克福學派的風格：批判理論既不是一個政治哲學，也不是對政治哲學之一個單純的否定。用一個肯定句來說，批判理論是一個用轉進來拯救政治哲學的行動，也就是說，將政治哲學所特有的種種問題轉移到另外一個條件，那宰制與解放的問題意識之上。至少在M. Horkheimer，其論述的不足之處，是他將la politique歸到宰制的那一邊，就好似自由、幸福、團結的、自主的理性的社會、也就是解放的組織之種種理念，都與la politique毫無關係。

處理了這個問題，我們現在可以回到本文最開頭的提問；今日，面對著政治哲學的重生，我們可以與批判理論建立哪一種具有生命力的關係呢？從一開始我們就發覺，依據這個重生的性質之不同，就會產生種種不同的可能性。如果這個重生代表著一個學院的學門之回歸，也就必然地轉變為一種政治哲學史，而因此為了一種既存秩序之經營管理的利益，造成種種政治議題被掩蓋。它帶給我們的，是一個二者擇一：要批判理論還是要政治哲學；它最後造成的結果，是選擇政治哲學而反對批判理論。就像我們曾讀到**為什麼我們不是尼采主義者**⑬，在相同的理路下，我們也可能讀到「為什麼我們不是批判理論家？」而法國的知識圈已經見識過有些哲學家，比如曾經為M. Horkheimer之**批判理論***Théorie critique*法文版寫了一篇前言的Luc Ferry與 Alain Renaut，由一個對批判理論的興趣，老實說是很含糊的興趣，毫無保留地跳到政治哲學的陣營；而這個政治哲學被建構的樣子完全抹去批判理論，完全抹去所有多少跟一個宰制之批判有關的東西[34]。

但是相反地，如果這個重生代表的，是在那些極權主義的宰制崩解之後，種種政治事物的回歸，情形會是完全不同的。那就不是在相衝突的兩者中擇一，

⑬ 指Luc Ferry, Alain Renaut……等人合著的書：**為什麼我們不是尼采主義者***Pourquoi nous ne sommes pas nietzschéens*（Grasset, 1991），其宣稱的立論是「打著尼采反尼采」。

34 Luc Ferry et Alain Renaut 也主編過 *Archives de philosophie* 的一期法蘭克福學派專題, tome 54, cahier 2, avril-juin 1982.

而是嘗試在法蘭克福學派主張的那宰制之批判，與la politique、種種政治事物的重新發現之間，建立連結。尤其必須是在la politique、種種政治事物那不可化約的異質性、在其組成特質與尊嚴絕不能被改變之意義下的重新發現。

因此是兩種典範，出自於批判理論對宰制之批判的典範，以及政治的典範。二者要如何連接？面對兩種典範的同時存在，應該與批判理論建立起哪一種具有生命力的關係？在簡單介紹這兩個典範之後，我們還要檢視以哪些論點來建構一個可能的連結。

我們何不指出Spinoza的名字來探尋這個連結呢？事實上，Spinoza在**政治威權論***Traité de l'autorité politique*中，已經試著開出一條沒有被走過的路徑，而且不同於兩個他描述並批判的取徑。首先，那些蔑視或憐憫人類之種種情感的道德主義者（les moralistes）的取徑，這使他們創造一種虛無幻想的政治學說。再來是la politique的那些參與者的取徑，而他們將la politique矮化為用以宰制人們之種種計謀的總和。相反的，Spinoza尋求另一個取徑，一個哲學的取徑，那同時要避免讓人們的種種行動被當成笑話看、還要避免將這些行動簡化為一個單純的策略的取徑。既不笑，也不哭，更不是操弄，而是在理性（Raison）所指引的方向去理解，去試著思考la politique，這連Spinoza自己都承認是一條很艱難的取徑。效法Spinoza，我們必須要在兩個典範各自開出的取徑之外，探索出另一條取徑，它必須要能將宰制之批判與la politique的思想相互連接起來。要更清楚地了解這個必要性，只需要去觀察這兩個典範受限於它們各自的排他性，所各自造成的一個病症式的扭曲。在政治的典範這邊，是粉飾太平論（irénisme），也就是將la politique表現成一種被喚來在一個平順、沒有不平等、沒有分裂、沒有衝突的空間中開展的活動，其目標是一個太平的互為主體性，以及不再有麻煩。在宰制之批判的典範這邊，是悲觀無望論（catastrophisme），也就是認為絕無例外，所有的事物都是宰制的關係，而要開啟一個能夠擺脫宰制者們與被宰制者們的分裂的自由之空間或是時間，是絕無可能的這個態度。這樣一來，就好像不管是關於la politique的、關於司法的、關於種種媒體的，或是關於其它所有涉及人們的共同生存的事情，理智（l'esprit）都必須要在粉飾太平論或是悲觀無望論中間選擇一個；就好像絕不可能不落入這兩個陣營各自開的「黑店」手中、就好像絕不可能察覺到，這兩個典範各自理所當然的應用，會造成的麻煩與紊亂。

宰制之批判的典範

先交代一些前提。在批判理論裡，宰制的概念是極其複雜的。事實上，它包含著相互關連、卻不能被混淆在一起的幾個層次。我們至少可以辨識出三個都與la politique之批判有關的層次；其中的每一個，都以各別的方式，造成政治領域裡的宰制。

第一個、同時也因為它被認為具有無與倫比的決定力量，所以是根本的層次，是那對於自然的宰制。這個層次開啟了一個對於理性的批判，因為以Guy Petitdemange讚美的話來說：「這樣描述的理性與自然之間的辯證，是法蘭克福學派最為成果豐碩的創見[35]」。因為在由恐懼中解放與對主權的追尋之間，建立了一個*conjonction*連結之後，理性就變得「把世界當成一個獵物」，而因此否定所有的別樣性。就好像理性放棄了它理性的特質，而把自己當做是自然。M. Horkheimer寫道：「只要人一日無法了解他自己的理性，不能了解他那藉以建立並用來維持對抗性的基本程序，已經到了連人都要摧毀的程度，自然的臣服就會退行為人的臣服，而*vice versa*反之亦然。[36]」拯救這一切的機會，得經由一個理性的自我反省，這個自我反省要能在理性內部區辨出這朝向宰制的移動；這朝向宰制的移動所表現出來的，就是那自我保存的取向，以及自我保存造成的種種致命後果。如果人類歷史可以說是被對自然的宰制所圍繞，那麼哲學家的任務，就是要去重新思考在這種宰制形式及其效率影響下的這個歷史。M. Horkheimer 與T. W. Adorno寫道：「一個普遍歷史之哲學的建構，應該會彰顯出，儘管有著種種繞道以及抵抗，對自然的那一致的宰制，如

35 Guy Petitdemange, «L'*Aufklärung*. Un mythe, une tâche», *Recherches de science religieuse*, juillet-septembre 1984, p. 426. 以及, Rolf Wiggershaus, *L'Ecole de Francfort*, trad. de l'allemand par L. Deroche-Gurcel, Paris, P.U.F., 1993, p. 320-321.

36 M. Horkheimer, *Éclipse de la raison*, trad. J. Debouzy, J. Laizé, Paris, Payot, 1974, p. 183.

何越來越清楚地成為必然，而且完全地涵蓋其內在。我們可以從這一個觀點中，推論出經濟、宰制以及文化的種種形式[37]。」在尤里西斯（Ulysse）與賽倫海妖（Sirènes）的那個段落⑭中，尤里西斯找到抵抗海妖之誘惑的辦法，他讓水手們拿燭蠟將耳朵塞住，而讓自己被綁在一個檣杆上，這已經顯示出，那被指揮的勞力工作與欣賞藝術之愉悅間的斷開了。這斷開是關係到對自然之宰制帶來的約束的。在這個起源的狀態之外，對自然的宰制賦予科學技術（la technique）的任務，比方說Bacon的研究企圖，是要讓人類的知識能夠宰制去除神祕性的自然。M. Horkheimer與T. W. Adorno寫道：「人們想要從自然中學會如何利用自然，以便能更完全地宰制自然與人們。這是唯一要緊的事[38]。」我們還得要指出在整個法蘭克福學派裡，對於科學技術的概念有好多個，像是H. Marcuse在1941年的一篇文章中提出，而一定意義上在**單面相的人***L'Homme unidimensionnel*中，又再次出現的科學技術的概念；或者像Walter Benjamin藉由兩種科學技術的對比，致力建構出另一個科學技術的面貌，較為接近遊戲而非工作，因此能夠以對自然的解放來代替對自然的宰制。

因為人是自然中的一部分，對自然的宰制當然會帶來人對於人的宰制。M. Horkheimer 與T. W. Adorno寫道：「當人喪失了他自己也是自然的一部分的這個意識，所有他值得為它們活著的種種目的……就都化

37 M. Horkheimer, T. W. Adorno, *La Dialectique de la raison, op. cit.*, p.239.

⑭ 參閱荷馬史詩**奧德賽**。

38 同註37所引書，p. 22.

為烏有了[39]。」很明顯的，在兩種宰制形式之間的種種根本媒介之一，是人的工作。作為改變自然的活動，工作是在智力工作與勞力工作、指揮的地位與執行的地位之間的劃分中，來施行的。在這點上，宰制在歷史中具有連續性。M. Horkheimer寫道：「我們所認識的種種社會形式，總是被以這樣的方式組織，只有一小群人可以享受當下的文化，至於多數大眾在被迫放棄他們的種種天性下，繼續活著。被種種外在條件（與自然的對抗）所強制的社會形式，到目前為止，其特色是在生產的領導與工作間、宰制的人們與被宰制的人們間的斷開[40]。」在M. Horkheimer與T. W. Adorno看來，這個人對人的宰制有一個特別偏好的對象，那就是身體。從這裡發展出來一個歐洲之雙面歷史的觀點，一個是官方版的、眾所皆知那關於文明歷程的歷史；另一個是地下的、被遮掩的，那關於被文明所異質化之人類種種天性與熱情的命運之歷史。**理性之辯證**一書觀察到：「這種損害尤其是傷及與身體的種種關係的[41]。」到最後，是對於內在本質的宰制。每一個主體都要讓他自己的內在本質臣服。宰制的原則，在勢力的粗暴統御之後，變成了一個精神化與內化的過程之目標。是在最後這個取徑，M. Horkheimer與自甘為奴（la servitude volontaire）的論點顯得親近。他不是寫道：「宰制內化成對宰制之愛[42]。」嗎？

如果我們檢視這個宰制之典範的構成，我們可以

39 前引書，p. 68.

40 M. Horkheimer, *Les Débuts de la philosophie bourgeoise de l'histoire, op. cit.*, p. 41-42.

41 M. Horkheimer, T. W. Adorno, *La Dialectique de la raison, op. cit.*, p. 250.

42 M. Horkheimer, *Éclipse de la raison, op. cit.*, p. 102..

分辨出三個根本的組成元素。

首先，其對宰制的思考，是由黑格爾的論點，更明確地說，是從**精神現象學***La Phénoménologie de l'esprit*中，所描述的那主子與奴隸間的辯證出發的。以黑格爾的名言作為出發點：「自我的意識只有在另一個自我的意識中，才能達到滿足[43]」，H. Marcuse在他的論文[44]，以及**理性與革命**中，提出他的概念發展過程分析：1.在一個殊死決戰中，那個體間之直接衝突的形式；2.因為各種事物的工作的理由，而產生一個過渡，過渡成一個用種種意識來中介的模式，其具體造成的形式，是一個劃分，在那將他人的工作結果據為己有的人－主子，以及那為別人工作並生活在一個無自由的情境下的人－奴隸之間的劃分；3.在這個「單方面與不公平的」承認之外，奴隸被工作給改變；工人，在他工作的目標裡，也因為他工作的目標，而變成自動自發了。改變了自然，工人自己也改變，至於主子，在愉悅的那邊，被指定去消耗享受這些東西。由於這個有人依舊而有人消失的失衡，奴隸打破主子的權勢；4.如果主子與奴隸的關係尋求一個相互的承認，這個關係很明顯地不可能被達成，而且會持續被一個決定性的不平等所危害。然而，雖然在批判理論裡出現了黑格爾式的劇情，我們看到經由尤里西斯的故事，它被重寫地更沉重了。事實上，T. W. Adorno與M. Horkheimer都引用了黑格爾，尤其是主子去享受，而奴隸則因為他的技巧以及他製造東西的方法，而走

43 George Wilhelm Friedrich Hegel, *La Phénoménologie de l'esprit*, trad. de l'allemand par G. Raulet et H. A. Boatsch, Paris, Aubier, 1949, t. I. P. 153.

44 H. Marcuse, *L'ontologie de Hegel*, Paris, Minuit, 1972, p. 262-271. *Reason and Revolution*, op. cit., p. 114-120; éd. française, p. 158-164

出他的無自由的這一段。但顯然對批判理論的思想家們來說，奴隸的改變是有一個障礙的，而因此在這整個關係上，也是有障礙的。雖說在開頭，他們是透過黑格爾來閱讀尤里西斯的故事，他們寫道：「尤里西斯叫人代替他的工作。這時候他就不可能放棄那不要工作的慾望；接著，他以東家的身分拒絕參與工作，而到最後的階段，放棄去領導；至於他的同伴，儘管更貼近工作的那些東西，卻因為他們是在約束中、沒有希望地、所有的感官都被迫堵絕地完成那些工作，而不能夠享受到工作的成果。」然而，他們的結論就與黑格爾的推斷相去甚遠：奴隸不會獲得任何的改變，而主子則只會退化。他們寫道：「奴隸的身體與靈魂依然是受奴役的，而主子則是退化[45]。」這造成的結果，是宰制的恆久不墜，其在歷史中的週而復始，這無望的狀態造成了權力的發展。他們寫道：「沒有任何一個宰制能夠避免去付出這個代價，而歷史的循環性有一部分得由這個無望來解釋，這個無望就等於是權力[46]。」是不是得要從尤里西斯與他的奴隸們這個狀態之特殊性，來解釋他們與黑格爾的觀點之差異呢？尤里西斯這領袖，宰制的傳統形象，並不只將他人的工作結果佔為己有；他甚至很明確地放棄去領導，但是，藉由他的種種安排來抵禦海妖的誘惑，他保護了他的奴隸們。至於這些奴隸，他們的種種感官被阻絕，因此與種種事物之世界的感官關係被阻斷；在這個保護的籠罩下，他們依舊無能達到黑格爾的劇

45 M. Horkheimer, T. W. Adorno, *La Dialectique de la raison, op. cit.*, p. 51.

46 同前引書。

本所宣稱之解放的改變。M. Horkheimer不是在「理性與自我保存」中寫道：「保護是宰制的原形」嗎？就彷彿我們可以在保護的狀態中，觀察到宰制的一個性質之飛躍，當將他人之工作結果據為己有，被一種更加異化的關係形式所替代時，保護者與其被保護者們間的關係，沒有任何朝向相互承認的可能出口，事關的兩造分別持續在一個僵化的關係中，作為其被分配的角色之囚徒。M. Horkheimer寫道：「那些保護者、*condottieri***傭兵的指揮官**、封建領主、兄弟會，一直同時保護與勒索那些依賴他們的人們。他們都很留心在其地盤裡，生命的繁殖[47]。」

我們可能可以從這個與黑格爾觀點之差異，來了解他們與馬克思保持距離的其中一個理由。馬克思是以宰制－奴役這組概念，來談主子與奴隸間的辯證；而如同我們已經指出的，批判理論的研究，是藉由那因為權力之一些不確定的專斷行為，所造成之偶然的對抗（un antagonisme contingent），來代替必然的對抗（un antagonisme nécessaire），而達成宰制與剝削的區別。如此一來，就開出一個專屬於宰制的歷史通道；依照T. W. Adorno的說法，是一股像原子彈爆炸的巨大力量，迫使他要從馬克思主義的消極自滿走出來，而在一個無可克服的憂患狀態下，去思考人們的歷史，甚至要不斷在將邁向的歷史之謎題中，去得到想法；不是要解答這個謎題，而是要讓它保持是謎題。

走出這消極自滿之後，構成宰制之典範的第二個

47 M. Horkheimer, *Éclipse de la raison*, *op. cit.*, p. 214-215.

元素，是由對尼采的回顧所獲得的啟發。這個選擇不是只為了要「修理馬克思主義裡，那些已經僵化了的項目」，而是要能夠深入歷史那黑夜的部分，也就是傳統上哲學家們因為專注在這兩千年來相對清晰的歷史，而忽視的那部分。與他們相反的，尼采眼中的心理學家，探索人類靈魂的前史，致力要在理性或文明之誕生前，找出那原初的內容（le texte primitif），「自然的人那粗魯不文的內容[48]」。就彷彿這個內容裡面，曾經保留著那總是試著要掙脫人的東西；就像是人類的歷史，人這種動物群居（les troupeaux humains）的歷史，曾經總不停歇地要去抗拒原始的返回，尤其是那佔多數的被支配者與佔少數的主子們間的劃分。因此我們看到**道德譜系學**裡的回顧，以及其探究史前世界與人們之地下歷史的取向；人們的地下歷史，是那種種虐待、酷刑與刑罰的歷史，它將自然的人這種「遺忘的化身」，變成一種可以預測、估計的動物；同時因為能夠承諾，而變成負責的，所以是社會的存在（être）。尼采強調，這個相當古老的問題，並不是用非常細緻的方式被處理的：「或許，在人類全部的史前時期，沒有比其記憶的技術（la mnémotechnique）更可怕與具災難性的了[49]。」而在人們史前的這些篇章中，更殘酷的是，人們是在痛苦中，發現讓記憶被牢牢記住的最有效輔助工具。尼采寫道：「啊，理性、嚴肅、駕馭激情，所有這些我們叫做思考反省（réflexion）的可悲東西，人們最華麗的特權與

48 F. Nietzsche, *Par-delà le bien et le mal. Œuvres philosophiques complètes*, Paris, Gallimard, 1971, p. 150.

49 F. Nietzsche, *La Généalogie de la morale, op. cit.*, p. 254.

標誌，讓我們為它們付出了多少代價！多少的血與恐怖，流在所有這些『好東西』下面[50]。」這個原始的恐怖從來沒有離開過人們的歷史，以致於在每一個文化地標下面，照W. Benjamin的說法，都有著殘酷野蠻。批判理論的思想家們，在一定程度上是尼采主義者，因為他們了解在「道德那隱藏的廣大與遙遠的國度」的背後，還藏著一個更為神祕的國度，那權力的國度。當尼采了解到國家的誕生，是那「一群金髮的獵食性猛獸、主子們的種族」之「公開的暴力之行為」的果實，他在**道德譜系學**的§17（「第二篇論文」）描寫的，不正是一個權力的專斷行為嗎？「最古老的國家，是一個可怕的獨裁者與一個毫不留情的壓迫機器，直到人民這個原料、這些半野獸們（les semi-animaux），終於變成不只是可操控而順從的，而且還是訓練有素的[51]。」而這個新的壓迫機器不是將「世上大量可貴的自由」消滅了嗎？而毫無疑問的，這不就是批判理論要了解內在本質的宰制時，所採取的論點嗎？

此外還得要加上構成宰制之典範的第三個元素，至少在M. Horkheimer，那我們可以稱作是對馬基維利的一個簡短，同時總地來說經典的閱讀。在**歷史的布爾喬亞哲學之開始***Les Débuts de la philosophie bourgeoise de l'histoire*[52]這本書的第一章，M. Horkheimer介紹**君王論***Le Prince*與**論***Tite-Live***著的第一個十年史***Discours sur la première décade de Tite-Live*

50 前引書，p. 255.
51 前引書，p. 277.
52 M. Horkheimer, *Les Débuts de la philosophie bourgeoise de l'histoire, op. cit.*

的作者，是一個la politique的新科學之開創者；如同他那時代的學者與科學家們，馬基維利致力尋找一個一致的原則，以便能讓他耙梳出人類歷史的種種獨特律則。然而在M. Horkheimer看來，這個科學特別重視的研究對象，是宰制的事實，所有人類社會中宰制者們與被宰制者們的劃分。在人類本質不變的假設基礎下，la politique的學者的實驗室，可以說就是過去：他們會在閱讀Tite-Live或是其他古代作者們著述時，從中去尋找「宰制之種種永恆的律則」。馬基維利的創新之處，不就是由兩個修正所組成的：也就是在宰制的實用性與傳統性之外，馬基維利還認為要加上意識以及思考的向度；此外，他改變了宰制實踐的方向，指出它的最高目標，是要建立一個作為個人與社會之發展條件的強大的國家。

縱使M. Horkheimer沒有忘記馬基維利對劃分之重要性的強調、縱使他意會到這個作者對民主的種種贊同、縱使他精采地描述Ciompi[15]領導者的演說，他卻功虧一簣地無法超越宰制的觀點，以及了解馬基維利為了要探討政治自由，如何將宰制與它的相反－要自由地活著的慾望相連結。在馬基維利看來，所有的人類城邦，都是由兩個慾望的對抗建立起來的，大人們的慾望是宰制，而人民的慾望，是不要被宰制。然而在閱讀M. Horkheimer時，卻覺得好像只有大人們的慾望存在，彷彿政治的舞台完全被那*libido dominandi* **宰制的慾望**[16]所佔據，彷彿這個大人們特有的*libido*慾

[15] 指1378年在佛羅倫斯發生的著名事件。最貧苦的羊毛工人們，Ciompi，發動一連串群眾抗爭，對抗商會與政府，爭取其權力。

[16] 原著使用拉丁文。

望，不一定會與人民的否定性、與驅動人民之自由的慾望相衝突。馬基維利難道不是認為人民比起所有其他公民的階級，都更具有悉心維護自由的特質嗎？M. Horkheimer的閱讀因此是一個單面相的閱讀；因為過度著重宰制，而沒有意會到與其相反的、那自由的慾望，使他無法看出馬基維利是一個政治自由的思想家。這失敗帶來一個更普遍的問題：對於宰制的種種思想，是不是具有思考自由的那些能力；或者它們是不是被迫只能保持麻木，而永遠地自己關閉那途徑呢？

政治的典範

可以說是盧梭在**懺悔錄***Confessions*中的宣示：「所有的都跟la politique有關。（Tout tient à la politique.）」構成了政治的典範之核心主張。這個主張的意義，完全不像一些沒大腦的人急著說的「所有的都是政治的（Tout est politique）」，這些人是把「與……有關（tenir à）」的事實，跟「是為……（être）」的事實給混淆了。「與……有關（tenir à）」、「關係到……（toucher à）」指的是兩個不同層次間的連結，而不是等同或是去除差異的同質化。在盧梭的主張裡，我們要了解的是一個特定社會的所有展現，不論是與自然的關係、人們間的種種關係、自我與他者的關係，都經由不同的媒介，而與政治之存在（être politique）的模式這個社會廣義的制度有關。這個表述中，那刻意地不明確的特質，所表示的是，一個特定社會之政治建置的模式的移動，會造成這個社會種種不同的面向。

指出了這個對於政治體系的依變性，接著要論及le politique的地位；政治之典範的第二個要素，就是le politique必須不扭曲地被考慮，更清楚地說，是不管相對於哪一個層次，經濟、社會、軍事、宗教……等，都被視為是不可扭曲的。比如說民主，縱使它的若干歷史型態與資本主義體系是同時代的，也不能被後者所扭曲。的確可能在某些時刻，民主的邏輯與資本主義的邏輯相互交錯；但無論如何民主不能被等同於資本主義。而相對於資本主義體系，民主具有不可化約的其它部分，這個部分只有經由一個政治的取徑，才能夠讓它可以被理解。因此C. Lefort與Marcel Gauchet在「論民主：Le politique與社會的建制Sur la démocratie. Le politique et l'institution du social」一文中宣示：「還得要跨出好大的一步才能夠結論說，普遍來講，le politique的地位是一個根本地被扭曲的現象的地位……無法跨出的一步。再怎麼樣地憂慮，也不能去樹立一個唯一真實的最後層次，以及從此將種種次要的層次縮小成種種單純的外表……le politique的退縮到經濟裡，就掩蓋了一個權力的體系建制在社會裡的獨特基礎[53]。」

就像這個表述可以讓人以為的，這是說社會是le politique的基礎嗎？完全不是。跟它不能被經濟或其它層次扭曲一樣，le politique也是不能被社會所扭曲的。應該理解成，le politique與社會是密不可分的一對，也就是說le politique作為一種人類之共同存在模式的「指導題綱schéma directeur」，是對於社會的源本劃分（la division originaire du social）之回應所採取的立場。社會的源本劃分，也就是社會之存在本身。C. Lefort與 M. Gauchet寫道：「那如是的社會之降臨，以及如是的社會降臨以後，各自會產生疑問；組成一個政治制度的邏輯，就是將兩種疑問連結在一起，開放探討後，所產生的回應[54]。」社會，從它出現開始、從它成形開始，就完全不是一個實質的、實體的、同質的或是穩定的現實，而且立即就被其消滅與分裂的陰影糾纏，就好像它的降臨本身就帶出這個問題：為什麼得要有社會而不是無有（rien）；此時，那無有與喪失自我對社會的威脅就出現了。依循這個觀點，康德那非社會的社會性（l'insociable-sociabilité），看來是被從一個心理學的層面轉移到本體論的層面。縱使政治的建制，只能在回應社會之源本劃分、回應對社會的降臨本身之構成原則的探討下施行，卻沒有任何社會可以不具政治建制而存在；所以絕不可能將社會當成一個決定性的原則，來作為le politique的基礎。另外一個極具荒謬性的概念是說要：「考慮社會之前的

53 C. Lefort et M. Gauchet, «Sur la démocratie. Le politique et l'institution du social», p303, *Textures*, n°2-3, 1971, p. 8.

54 前引書，p. 8-9.

社會」。如果我們在這裡依循C. Lefort的推論，對於政治的典範來說，是那社會之建制的型態、人類之共同存在的種種創造性原則，以及那指導的題綱，「決定了一個社會之空間的、還有時間的那種構成方式[55]。」

毫無疑問，這社會之政治建構的獨特性，與種種政治事物之不可化約性之間有關連。這甚至可以成為一種可能的解釋。不管我們給它什麼定義，政治之典範的第三個要素，其中一部分就是反對那唯物論（le matérialisme），而且不只是反對唯物論，還明確指出種種政治事物那異質的特性、因此是它們那不可被化約到任何其它現實的體系中的特性。無論是社會的政治建制、經由種種評估而在種種實踐與意見中建立的連結，或者是那以自由為存在理由之行動的展現，政治的典範之支持者們的挑戰，就是要讓種種政治事物之構成特質、那些它們賴以構成的東西，能夠浮現，甚至能重新掌握；同時，還要預防種種化約的活動，像是那些以「la politique也不過只是……」的模式所宣稱的，或是那一樣具毀滅性的等同化。政治的典範是建立在對於種種政治事物之獨特性的確認，以及就在le politique所在處思考其真實的決心之上的。就在le politique的所在處思考其真實，正是要將le politique與可以讓它脫離自己運行軌道，以至於偏離座標，而破壞其自身邏輯的所有其它面向分離開來。這是為什麼在現代性中，有一個漫長的工作致力於將le politique與神學分離，而終止了神學－政治學的*nexus*

55 C. Lefort, «Permanence du théologico-politique?» *Essais sur le politique*, Paris, Seuil, 1986, p. 256.

連結[17]。

然而政治的典範帶來的其中一個重要影響，是因為理解了種種政治事物之獨特性，而拒絕將la politique化約為宰制，或者是將二者視為等同。更具積極性的，是政治的典範徹底根本地確認la politique之構成特質的不同，使得它不可能再被與宰制的事實相混淆，而以這種方式，斷絕了那幾世紀來的信仰：這個信仰將la politique當做是為了讓少數幾個人能夠去宰制多數大眾而生的種種策略與工具的總和，就好像這個信仰從來沒有被希臘城邦的革命、也沒有被種種現代的重大革命所打擊或摧毀。在這個觀點下，應該是在H. Arendt的著述中，可以看到對於政治的典範之種種傾向最清晰的、也因此是最具啟發性的區辨。事實上，H. Arendt受到希臘之la politique的概念啟發，分別賦予這兩個現象不同的空間、場景與現實的秩序；她將宰制的事實放在*oikos***氏家**[18]的那邊，而將種種政治事物放在城邦那邊，因此在兩者間打開一道鴻溝，同時重現了古代城邦中，在這兩個範疇之間的一個質的跳躍。宰制，那宰制者與被宰制者間劃分的邏輯，是在那大家族或是*oikos*中，家族的父親對所有組成大家族之成員，女人、小孩與奴隸們專制統御的邏輯。在H. Arendt看來，*dominus***主子**[19]（宰制的來源）與*pater familias***家庭的父親**[20]是同義字。她在一則註釋中，引用Fustel de Coulanges的話說：「所有希臘文與拉丁文中，具有宰制之意義的字眼，諸如*rex*、*pater*、*anax*、

[17] 原著使用拉丁文。
[18] 原著使用希臘文。參閱譯註9。
[19] 原著使用拉丁文。
[20] 原著使用拉丁文。

basileus，最初都與種種家族的關係有關連，是那些奴隸們用來稱呼主子們的稱謂[56]。」為了要滿足生命之繁衍的種種要求，*oikos*在需求的支配下，生活在一種宰制－奴役的關係裡面。只有在走出*oikos*，而跨過圍繞在公共廣場（agora）周圍的界線之後，公民才進入一個政治的空間，這空間中所有的成員都是不屈從的，所以是平等的，公民才能進入la politique，也就是一群人同心一致的行動之可能性，而這個行動的存在理由是自由。在這組概念裡，自由是站在與宰制各個方面都相反的位置，因為它代表著在命令與順從的關係之外的一個立場－「它既非是被支配的臣民也不是主子（ni sujet ni chef）[57]」；而更積極的，是藉由起而行與言論，將多元的條件具體實現。縱使這個自由的經驗隨著帝國的建立而消失－那些羅馬皇帝都帶著*dominus*的頭銜－在希臘城邦裡出現的這些轉變，依然持續是la politique那具啟發性的經驗，而以種種不同的形式，在整個自由那不連續的歷史中，一再造成影響。在H. Arendt看來，只要我們嘴裡還談到政治這個字，不管我們自己知不知道，我們都與希臘城邦、與*polis*建立起關連。她寫道：「la politique與自由緊密相連，而獨裁是所有政府形式中最糟的一個，甚至是反政治的（anti-politique）；這個事實就像一道紅線，穿越歐洲的人群間（l'humanité）之思想與行動，直到最晚近的時代[58]。」從這個政治與自由的關連中，必然推論出來的是：儘管有那種相信在宰制裡看到la politique之要

56 H. Arendt, *Condition de l'homme moderne*, trad. de l'anglais par G. Fradier, Paris, Calmann-Lévy, 1961, p. 41, note 3.

57 前引書，p. 41.

58 H. Arendt, *Qu'est-ce que la politique?*, *op. cit.*, p. 59.

素的意見，宰制的事實與la politique毫無關係，它甚至位居la politique全然的對立面，或甚至，宰制正代表la politique最典型的毀滅條件。

用La Boétie的話來說，這兩種現象的對立之最好的描述方法，莫過於*tous Un*（**化眾為無的大一統**）與*tous uns*（**和而不同的群聚**）間的對比：*tous Un*，是人們之間的關係被瓦解，好將位子讓給主子的形象的情況；而*tous uns*之情況，是人們間的聯繫，那相互的承認、友誼，使得一種新類型的整體性（全部的那些群聚：le tous）誕生，其意義是做為一種整體性，它並不否定多元這本體性的條件，而是讓它蓬勃發展（那些複數的群聚：les uns），直到能發展出一個獨特的、朝向自由的，並且是建立在對於宰制－奴役這個關係的持續否決上的政治聯繫㉑。這個區辨沒有被馬克思忽視，他在1843年批判黑格爾的文章中寫道：「**大一統**（*L'Un*）只有做為許許多多的群聚（uns）時才具有真理[59]。」

必須指出，是這種對於政治之典範的強烈傾向，讓H. Arendt在她的思想中，給予馬基維利一個獨特的地位。完全不像M. Horkheimer將la politique當做是宰制之種種手段的全體，因而把馬基維利當做是一個典型的la politique的思想家，H. Arendt則是把馬基維利視為現代的思想家：在中世紀之後，能夠知道la politique是自由與勇氣的經驗，重新發現la politique的偉大，以及它與宰制的差異。H. Arendt明確表示：「依然讓人訝異的

㉑ tous Un與tous uns這個區分借用了法語之文字特性，以其意象來表現區別。在tous Un，tous是所有的人，是複數名詞。當人被剝奪了人與人間的關係，其存在變成一種虛無的存在，唯一剩下的是他們都是被主子支配的臣民。而他們的全體組成大一統，大寫的Un，這些沒有存在之意義的個體，被主子與主子的形象給聚在一起；主子是首腦，個體就像細胞，組成一個龐然大物。這在C. Lefort 以身體之形象（l'image du corps）分析極權主義時，被闡釋地更清楚，無數因無以名之的理由，被打成人民公敵的人，被處決或是送去勞改營，就像壞細胞被摧毀、或是被切除。而tous uns，tous是複數形容詞，所有的，而小寫的uns也是複數，沒有定義數量與性質之群聚的個人。這些或大或小，性質不同的群聚，是會變動的，所以是多元性的；所有的這些群聚，tous uns，產生了一種有可能開創出政治自由的整體性。

59 Karl Marx, *Critique du droit politique hégélien*, trad. A. Baraquin, Paris, Éditions sociales, 1975, p. 64.

是，在古典時期之後，那唯一的理論家，以一種非凡的努力，要還給la politique它的尊嚴，開始看清這個鴻溝（在*polis*與*oikos*之間），而且要有多大的勇氣才能跨越這個鴻溝啊！那就是馬基維利[60]。」

因此我們看到，在政治之典範的核心，有著兩個反向命題的關係，我們可以如下陳述：有la politique、也就是自由經驗的地方，宰制就趨向消失；相反地，那宰制統御的地方，la politique就從人們的經驗被抹除，並且成為一個摧毀行動的目標。

從對於兩種典範的解釋與對照，產生了兩種性質的可能；這兩個典範各自有它獨特的片面性，並且會產生兩種扭曲：在宰制之批判的典範是悲觀無望論，在政治的典範是粉飾太平論。

在宰制之批判的典範這邊，不管我們給它什麼定義，其片面性是以對於宰制之事實的聚焦為名，忽視la politique之獨特性與組成特質，也忽視la politique與自由間，具相同本質的聯繫。就彷彿la politique化約為宰制，甚至於變成等同；就彷彿la politique並非正奮力不懈地投身於一個政治自由與宰制間永不停止的對抗。更嚴重的是，宰制之批判的典範不只忽視la politique與自由間那根本的關係，同時也忽視政治之連結的問題；或者說是忽視la politique在人們之中建立一個關連（un Rapport）：這獨特的關連之特徵，是它能夠造成多元性、能去彰顯一種關係的形式，而其特殊性不是在於團結聯合，而是同時連結又區分。

60 H. Arendt, *Condition de l'homme moderne, op. cit.*, p. 45.

就是*tous uns*那聚合起來的區分。然而當政治之連結的問題，被移置到宰制與解放的問題意識中，就變得好像是被殘害或是節肢般，受到嚴重的威脅。如果la politique被化約成宰制，解放理所當然被構想成一個走出宰制。但這個解放、走出宰制，是被構想成進入一個政治的領域、進入一個自由的經驗嗎？或者，由於將la politique等同於宰制，在這種情況下，就好像自由的意義就是從la politique掙脫，解放豈不是被構思為一個走出la politique？難道僅僅是祈求自由與幸福，就足以定義解放的社會嗎？還是應該在解放與la politique之問題的驟然到來間，放上等號？讓解放不再被理解為la politique的消失，而是被理解為la politique做為一個問題、一種持續而不會有完美不變的解答之謎題的降臨呢？

透過宰制之片面性的有色眼鏡，看到的那la politique的表象，毫無疑問會導向悲觀無望論。以宰制之重複與重複之宰制的癥兆來思考歷史，歷史對詮釋者來說，顯得是一個永恆的災難。同樣的，這詮釋者對於自由打出的各個缺口，或者是自由創造出的各個時刻，都保持盲目忽視。這些時刻就其接二連三，可以被理解為自由之一個不連續的歷史、被理解為自由的種種經驗；而它們的光耀時刻，是在於那希臘的民主、羅馬的共和、義大利的那些共和，以及現代的數個重大革命；當中都交織著反叛的意識以及自由的慾望，而使它們更為堅定。

最後不是應該看到，這個典範將極權主義單純地想成是宰制的一個張牙舞爪般的擴張；這種傾向，豈不是宰制之批判的典範最有害的影響之一。事實上它帶來的結果，會是對於極權宰制之「前所未有」以及最叫人憂心的特質、也就是政治的範疇甚至人們的政治條件被摧毀，繼續保持盲目忽視。

無疑的，著重宰制之批判的典範的批判理論，會因此落入這些指責中。但是也要提出兩點保留：1.批判理論的思想家們對於不可等同（non-identique）顯得足夠關切，使得他們拒絕藉由包括宰制在內之任何等同的象徵，來思考歷史。W. Benjamin極為重視Auguste Blanqui所進行的進步的意識型態之批判；然而，他對於在A. Blanqui的**天體的永恆***L'Éternité par les astres*（1871）中所讀到的一個新幻影的創造感到遺憾。這個革命家不就是藉由那災難之跨歷史地等同的象徵，來思考政治嗎？2.必須要以批判理論的全體來考量，也就是也要包括那幾位不滿足於去祈求自由與幸福，而嘗試去思考民主的國家、威權的與極權的國家之間的不同，簡單地說，致力要在政治的問題之降臨而非消失的形式下，去思考解放的那幾位（F. Neumann 與 O. Kirchheimer）。

至於政治的典範，則受害於或者會受害於另一種形式的片面性：那想要以其構成特質與特殊性，思考le politique的合法期望，在有些人身上造成了一種遺忘，還有對宰制之事實的一種遮蔽；就彷彿政治的問題之降臨，從此就是在一個平順、同質的、沒有障礙、沒有衝突的空間中施行。我們很小心地指明，是在有些人身上。因為政治的典範，在當今看起來具有兩種取向；或者是一種新康德主義的啟發，優先強調互為主體性（l'intersubjectivité），一種溫柔的、幸福的、沒有悲劇又沒有迂迴的互為主體性，而傾向於化約le politique與其尖銳刺耳，就彷彿le politique可以僅僅從與這互為主體性有關的思想自由與溝通自由來思考。讓我們回顧康德在**思想朝向什麼？***Qu'est-ce que s'orienter dans la pensée?*一書中的名言：「這麼說吧，如果我們不是與其他人們共同思考－也就是其他人們與我們分享其種種思想，而我們與他們溝通我們的種種思想，那麼我們還能思考得深遠、思考得好嗎[61]？」即使思考的自由與溝通的自由是密不可分的，也的確是根本的，但我們能夠因此就接受將政治問題局限在這兩種自由的存在之內嗎？這樣做，是全不考慮行動與其邏輯，就像H. Arendt在**人的存在條件**中所描寫的；或者沒有考慮到那C. Lefort認為，永遠關係著社會之源本劃分的社會之政治建制。

在這個無視於宰制之事實來思考政治問題的傾向中，彷彿政治空間只要一被建立，就能夠完美地將所有可能破壞或摧毀它的種種現象隔絕在外，造成的是粉飾太平論的扭曲。我們當然可以對在極權主義的宰制試圖將政治經驗、甚至是人們的政治條件摧毀之後，le politique的重新發現感到欣喜。我們一樣樂見

61 Emmanuel Kant, *Qu'est-ce que s'orienter dans la pensée?*, Paris, Vrin, 1972, p. 86.

不扭曲le politique、並認其不可扭曲之思考le politique的決心。但是這個重新發現、這個決心就必然應該在一個和解的、太平的世界中被孕育嗎？那麼地和解與太平，諸如種種衝突的來源、種種宰制的情境，都跟變魔術一樣地，就這麼消失了嗎？雖說政治與宰制之間，在概念的層次上，有著反向命題的種種關係，但這並不會造成在社會－歷史的層次上，政治的問題與宰制的事實之間的糾纏，就此神奇消失。這兩種層次的混淆造成的結果，不正是當代政治哲學以否認、遮蔽種種政治問題與種種廣義的政治問題，來伴隨它的重生那奇怪的傾向嗎？到後來，這個傾向甚至可以發展到將政治哲學從那糾纏的所在，從社會－歷史撤離，而讓它自我囚禁，要它專注在其政治哲學史，對於外界有意識或無意識地蔑視，而在這個政治哲學史裡面隨意地做些這個或那個作者的摘要。然而，le politique與宰制的事實之間的糾纏，是我們無法迴避的。那*tous uns*沉淪為*tous Un*、**與**其他人（*avec* les autres）的權力沉淪為**對**其他人（*sur* les autres）的權力，這些危險不總是存在著的嗎？簡單說，le politique的重新發現，並不是le politique要素的一個保證；並不是le politique一旦重新出現，就確保可以永遠維持它的存在。要不是在Martha Craven Nussbaum的巨著**善的脆弱性***The Fragility of Goodness*之後，脆弱性這個主題已經變得浮濫而膚淺，我們就會用種種政治事物的脆弱性來談這些了。粉飾太平論最明顯的展現之一，是依照共識主義者的模式，給予共識（le consensus）優先地位；而它要成立就必得排除宰制的事實，因為後者的存在會把衝突再次帶入政治的範疇中。很明顯的，馬基維利帶來的啟發就不可能招致同樣的這些批評。它正是建立在對於大人們與人民間之衝突的確認、這個衝突之永久性的確認，以及衝突、亦即宰制與對抗宰制的抗爭，正是政治自由的搖籃之假設上的。

連結（l'articulation）的選擇

在清楚了這兩種片面性之後，二者擇一這個解決辦法就只能被拋棄了，因為它總是由摧毀一個片面性來偏好另一個，而且這個偏好是沒有堅強理由支持的。剩下的，就只有會將我們帶往一個批判的政治哲學這條道路的、政治的問題與宰制的事實之連結這個選擇了。認真地看，這條道路早已存在。如果我們考慮政治的典範最重要的思想家中的兩位，H. Arendt與C. Lefort，而先暫時不討論H. Arendt對政治哲學之理念本身的反對，必然會在他們的著作中，發現批判的政治哲學這個計畫的種種展現。事實上，這兩位不都是將宰制的事實與le politique放在一起思考嗎？Le politique的重新發現，不是伴隨著對極權主義的宰制之批判、甚至經由對極權主義的宰制之批判而促使產生嗎？所以正是要將宰制與政治一同思考，我們由此觀察到分成兩個階段的方法：首先，是對於那被視為二十世紀的、「前所未有」的極權主義之宰制的批判，然後，在這個批判的基礎下，重新發現或是確認那被構思為極權體系之反向命題的le politique；它可以實現成民主的形式，或者照H. Arendt的看法，眾議的共和或是國家[22]。的確，在這兩種情況中，都沒有任何「萬里長城」，去分隔那展現為民主或共和的le politique與全面的宰制。這兩種政治形式都一樣受到那墜落至全面宰制的威脅。但是這組反向命題的兩造，依然還是處在外部性的關係之上。極權主義的宰制，是被思考為外於、有別於le politique的（l'autre du politique）。

當我們追隨這個方法，去思考宰制的事實與le politique之間的連結，更合適的作法，不是應該由內在的方式、也就是認為這個連結正是在le politique的內部當中相互糾結與實行嗎？在這個假設下，應該設想民主或是共和的政治形式，可能因為在其內部、那不一定是極權主義的宰制的事實之重新出現，而受到威脅。要能夠考慮到這個假設完整的意義，還要加上一個補充的假設：就是所有政治形式那總是可能的、總是具威脅性的墮落的假設。民主或是共和，作為政治的原則的展現，既不是穩定的，也不是不可逆轉的形式。宰制之事實的重返，是從內部威脅它們，甚至於有將它們摧毀、將它們敗壞、將它們的意義掏空的

㉒ 參閱H. Arendt, *On Revolution.*

危險。政治的典範的弱點之一，就是認為一個政治形式的降臨，會造成一種不可回頭的狀態，而能夠永遠保證這個形式的維持。然而政治的典範的這個缺憾，是由於它將宰制的事實排除在外，或由於將宰制的事實總是推到政治形式的外部去考慮。就這樣產生了這個對於政治場景粉飾太平的觀點；我們不知道是因為哪個神奇的理由，以為這樣的政治場景從此就不必擔心宰制的重返了。這事實上並不是必然唯一的方向：政治的典範中那馬基維利式的觀點，從原則上就不是粉飾太平論的，因為這個觀點透過主子們與人民這對抗性的兩造，而包含著政治與宰制之間的一個連結，意思是它認為自由必然是誕生於對抗宰制的抗爭之中的。C. Lefort寫道：「政治自由得由它的相反來了解；它是在特定的疆域之中，一種共同存在的模式的確認，在這種模式下，沒有任何人有權力去決定所有人的種種事務，也就是去佔領權力的場域（le lieu du pouvoir）[62]。」但是對於這個版本的論法，我們還可以懷疑它是否能一直自己保持在那連結的地方？它難道沒有因為缺少對於民主或是共和之「腐敗」的探究，所以時而出現離開那連結的地方之傾向嗎？更理想的，難道不是應該由粉飾太平的問題的反面，來提出問題，而認為正是從對抗宰制的抗爭之中，民主或是共和的政治形式得以建立起其原則嗎？就好像從某方面來說，宰制的事實不斷在歷史中發生，經由它所引發的抗爭、那些人民對抗大人們的抗爭，是la politique

62 C. Lefort, *Écrire : à l'épreuve du politique*, Paris, Calmann-Lévy, 1992, p. 171.

的一個連續性的建制之發動機。在這種情況下，就沒有理由忽略那些以宰制的事實為研究對象，但是不將這個事實視為永恆的、並且期望將它消滅的種種思想；而這也就是批判理論在這個問題上的立場。因此，從批判理論跳到當代政治哲學那二者擇一的改變，是不恰當的。

現在讓我們轉過頭來看一個解放的思想家 – Giambattista Vico；H. Horkheimer在**歷史的布爾喬亞哲學之開始**一書中，以一整個章節來討論他。在G. Vico看來，解放是人類歷史的核心；它具有兩種運動，向上的及向下的。Georges Navet寫道：「對於G. Vico來說，人們建立並轉變他們的市民世界，直到達成那些人民的共和中的平等與自由。問題是他們顯得沒有能力去維護與保持這個時刻、去持續地保存它，*a fortiori* **更不用說**，去讓它進步了[63]。」我們看到，G. Vico主張將解放與其相反、也就是其總是可能的墮落，放在一起思考。如此一來，他不僅將政治的原則與宰制的事實連結，並且提供了一個可以藉以思考這個連結的假設。事實上，就是要經由這個關於墮落的假設 – 看來是被政治的典範所忽視的 – 然後我們應該能夠在連結的取徑上、也就是在一個批判的政治哲學的方向上，來進行思考。但是這個墮落會朝向何處呢？一個批判理論所不陌生的、另一種層次的假設，可以回答這個問題。不再繼續被局限在民主 – 極權主義這組相對抗的概念中，而插入第三個名目、第三種形式，

63 Georges Navet, *Le Temps de l'émancipation*, M.H.D.R.-Université Paris 7-Denis Diderot, année 2001-2002.

也就是那威權的國家，能讓我們思考民主或是共和的墮落，同時不會將這個墮落的過程歸入極權主義的那邊。那宰制之批判與la politique的思想之連結，之所以可能產生，是因為民主或是共和永遠暴露在它們會敗壞、也就是墮落成威權的國家之危險中。這必須要不將威權的國家這個概念，與極權主義的國家或是極權主義相混淆。很明確的，這正是批判理論的思想家F. Neumann令人讚賞地做到的；他的思想是建立在三個向度上的：民主的國家、威權的國家，以及極權主義的國家或是極權主義。依照他關於納粹主義的研究，巨獸*Béhémoth*一書中的分析，在第一部分第一章中分析的極權主義的國家，其具有的獨特性，就是作為一個無－國家（non-État），意思是這個宰制形式的運作，不依照權利的規則，而是行使在一個無－權利的國家（État de non-droit）之中的。宰制的各個組織對其餘的所有人進行直接的宰制，「完全不經由那一直被叫做國家、那個理性而具有強制力的機器的中介[64]」。是在這個地方，極權主義的國家與威權的國家有所區別，後者的宰制是經由國家機器來施行的。

現在看起來，連結的種種要點顯得更清楚了。應該要將政治的原則與對宰制的批判放在一起思考，因為所有政治的原則的展現，民主或是共和，都被墮落成一種形式所威脅；這形式儘管與民主或是共和有所不同，但依然還是國家的，也就是那威權的國家。我們面對的，正是在民主或是共和的一個內部交戰的範

64 F. Neumann, *Béhémoth. Structure et pratique du national-socialisme*, trad. de l'anglais par G. Dauvé, Paris, Payot, 1987, p. 438. 以及 *The Democratic and the Authoritarian State*, édité par et avec une préface de H. Marcuse, New York, The Free Press, 1957; également, *The Rule of Law Under Siege, Selected Essays of F. Neumann and O. Kirchheimer, op. cit.*

圍當中。在這種情況下，要建立的就不是對極權主義宰制之批判與la politique的思想之間的連結，而是在對威權宰制之批判與政治原則之間的連結。精確地說，在這種情況下，並不是因此去以一種在兩個反向命題的典範間，做一個理論的整合摘要的這種形式，來思考那連結；也不是學著將政治的場景看成是那宰制的事實與政治的建制間，因為這個建制有可能墮落的事實，而無止無休地對抗的劇場。如果民主就是這種社會的形式，其特性是迎接衝突，那主要的、原本的衝突，不就首先是那關於其存在與其內容的衝突嗎？

結論

讓我們回到最起點的問題：可以與批判理論建立哪一種具有生命力的關係呢？最後再次重申這個問題的意義，是我們拒絕那二者擇一的立場，特別是依其現在的形式；我們拒絕那種毫不猶豫、由批判理論跳到政治哲學的改變；我們還拒絕那很明顯地建立在對宰制之批判的排拒上的、給予政治的典範全無質疑的優先地位；彷彿在政治的範疇裡，這種批判的形式已經過時了；意思是當政治領域被構想為一個平順的世界，在上面所有宰制的形式都消失了，像是一個不具問題意識的互為主體性就可以自己任意開展的地方，也就是那有些人所謂的沒有暴力的溝通（une communication non violente）。

與批判理論的一個具有生命力的關係，因此可以採取那在兩種典範間，建立一個連結的取徑。批判理論從它所偏好的兩個要素看來，在某個程度來說，不是具有連結的使命嗎？批判理論從來沒有－並非所有對宰制的批判都是如此－將宰制想成是一個無可避免的命運。對於不可等同（non-identique）念茲在茲，使得批判理論不會陷入將宰制視為貫穿普遍歷史的一道黑線之浮誇。還有，宰制實際上是被思考為一個複雜的、歷史性地獨特的面向；它確實是在人民的生命中一再出現，然而它是可被人們改變、也應該被人們改變的。在這種觀點下，可以明確指出批判理論的種種概念，具有雙重的面貌：對宰制的種種批判，以及在這些概念的結構中，就帶著消滅宰制的想法。這是何以在批判理論中，政治的問題並沒有缺席，只是，這麼說吧，多數的時候是「空心的」。我們還得要對法蘭克福學派裡，意見未必一致的所有成員有所區分。如果說H. Horkheimer帶有將la politique併入宰制的傾向，T. W. Adorno相反地，就將它們清楚區分，因為他致力將兩者分離，然後在解放與政治之間建立一個聯繫。他在**最低限度的道德**中寫道：「然而，一個解放的社會不會是一個尋求統一的國家，而是在種種歧異的相互了解中，那普世性的實現。同時，那還繼續嚴肅地致力於這樣一種社會的la politique，應該要避免宣揚那人與人間抽象的平等的概念[65]，即便只是想法而已。」對於解放的志趣可以成為對於la politique的志趣，這正是F. Neumann與O. Kirchheimer的信念，當他們致力於開展一個民主的批判理論，在一定程度上，成為批判理論裡的特例。

要與批判理論維持關係的條件之一，是要實現一個連結時，必須從政治的典範中出發。為什麼要有這個特別關照？難道我們不能只是單純將一個典範對另一個開放，或者是由宰制的對政治的開放、或者是由政治的向宰制的開放，就這樣建立一個連結嗎？然而老實說，這兩個動作是對稱的嗎？對宰制之批判的典範，即便是以批判理論來說，因為受到從一開始就將政治與宰制等同的束縛，不會變得更難開出一個完全發展的la politique之思想嗎？要從對宰制的批判，提升為一個la politique思想，是會有困難的，因為la politique的差異性並沒有被考慮到。只有當種種政治事物之獨特性與異質性，被看做前提地承認時，才可能有這個連結。至於對政治的典範來說，它只需要去承認，在政治存在的現實性中，有許多宰制的現象可以跟le politique對抗，來敗壞它、甚至來摧毀它。La politique的重新發現，完全不容許忽視宰制的事實，或者掩蓋宰制的事實。因此，是要賦予政治的典範一個優先性、但同時拒絕將它絕對化，然後我們可以建立一個與批判理論的關係。但是還得要那la politique的思想家們，對於其脆弱性、其搖擺不定，具有足夠的

65 T.W. Adorno, *Minima Moralia*, *op. cit.*, p. 99.

警覺；並且要知道那所有自由的形式，都暴露在自己墮落、敗壞的危險中，例如變成威權的國家。確實依然有著種種困難。我們因此需要意識到連結的困難，也就是意識到這個方法賴以成立之種種哲學上的先決條件。認真地看待在這樣一個連結中所呈現的問題：在政治思想那邊的現象學，與在宰制之批判那邊的馬克思主義，二者間種種可能的關係。

無論如何，「倡議一個批判的政治哲學」，主張的是與粉飾太平論及悲觀無望論那種毀滅大飯店（le grand Hôtel de l'Abîme[23]）都保持距離。藉由實踐兩個典範間的連結，回應種種政治事物的回歸，是基於我們的存在現實中那憂慮的元素，所必然要去做的。

[23] 作者借用Georg Lukács對於批判理論之悲觀主義所使用的嘲諷語詞。

倡議一個批判的政治哲學：條條道路／Miguel Abensour作；吳坤墉譯. --初版.--高雄市；無境文化, 2010, 01. 面; 公分, --(社會政治批判叢書; 1) 譯自：Pour une philosophie politique critique : Itinéraires
ISBN 978-986-85993-0-7(平裝） 1. 政治思想 2. 批判哲學 570.942 99000767

Editions UTOPIE